유령들

심지시선 004
유령들

2008년 12월 19일 초판 1쇄 발행

지은이 이정섭
펴낸이 윤영진
편 집 함순례
디자인 한천규 이경훈
펴낸곳 도서출판 심지
등록 제 253호
주소 300 -812 대전광역시 동구 삼성동 125-2 4층
전화 042 635 9942
팩스 042 635 9941
전자우편 simji42@hanmail.net

ISBN 978-89- 91109-61-2 03810

* 지은이는 2006년 한국문화예술위원회가 지원한 창작지원금을 수혜했습니다.

심지시선 004

유령들

이정섭 시집

심지

□ 시인의 말

끈도 없이 미궁에 들어섰다. 두 발은 여기 차가운 습지를 더듬고 있는데 시선은 저기, 굽이치는 강물을 뒤쫓고 있다.

다만

몸에게 미안하다.

2008년 12월

이정섭

차례

제2부

제3부

제1부

잠자는 동안

내가 잠자는 동안

눈 뜬 사람 코 베어 가는 해일이 늘고 내가 잠자는 동안 대바늘로 물집 터뜨리는 바람은 깨어나고 내가 잠자는 동안 보도블록은 몇 겹의 피부를 벗었다 껴입어 길을 뒤틀고 내가 잠자는 동안 꼬리 맞댄 잠자리들 허공에서 날개를 뜯고 내가 잠자는 동안 바다가 무너지고 아파트는 의기양양 굽은 허리 일으켜 세우고 내가 잠자는 동안 정신병원으로 가던 전세 버스는 탈선하고 폐광으로 질주하네 달리는 모든 것의 옆구리에는 새빨간 채찍질 내가 잠자는 동안 터진 상처에는 바람의 애벌레들 흡혈을 즐기고 내가 잠자는 동안 비행접시 위 파란 넥타이 blue neck tie 모빌처럼 왈츠를 추고 목각인형 관절마다 투명한 피아노줄 내가 잠자는 동안 껍질 벗고 깔깔대는 벽지들 브룩클린 뒷골목에서 희미해지는 몽고반점들

내가 영영,

눈 뜨고 잠자는 동안

달달 무슨 달

환하게 웃고 있을 때까지는
적어도 하얀 잇몸 뒤 붉은 혀가 동네를 휘감기 전까지는
저녁은 축축했다
둥근 소켓에 알몸을 끼우고 그녀가 잠들 때만 해도 발뒤축을 비추는 보름달이 골목마다 좁은 혈관을 만들 거라 믿었다 달은 항거불능의 매력을 가진 엘리베이터여서 그녀는 매일매일 달을 안는다 축축한 나의 저녁을 그녀는 몽땅 먹어치웠다 칼날처럼 콧등을 베어 낸 동침, 생생한 살냄새가 오독오독 비탈진 계단을 낮은 지붕을 씹어 먹는다 붉은 혀가 핥고 지나간 지갑에서 탄내가 난다 피 묻은 얼굴로 활활 그녀가 탄다 불을 꺼야 했는데 벽은 너무 뜨거웠다 차라리 비야 내려라 추위는 벌써부터 가을을 물어뜯었다 우리 동네는 토막 난 운명처럼 얼어 죽은 활엽수림대 한 입 달을 베어 문 그녀는 엘리베이터 버튼을 누른다 그래서 오늘 낙엽이 진다 영구치가 빠지면 그녀도 울긋불긋 물들어 저물까 뼛가루 서걱대는 까치집 부근에도 비끄리가 돋을까
애정 없는 보름달은 휘영청

오늘도 밝다

지뢰 찾기는 너무 지겨워

인테그랄 에이에서 비까지 가는 길을 잃어버리고 지뢰를 찾아요 간혹 출몰하는 미지수의 함정에 걸리지 않기 위해 격자무늬 흔적마다 물음표를 찍지요 해답은 없고 의문만 살아 날렵한 빼꾸기를 날리는 암실 안 델타 엑스가 제로로 수렴하는 여정에서 벗어나면 알파와 오메가까지 새파란 들판인데요 나는 왜 지뢰에 빠져 나침반을 밟을까요 구급차를 보내 주세요 아저씨 여기는 번지 없는 지하감옥 폭탄은 언제 제거하나요 그곳에는 초침 소리가 들리지 않나요 그래서 인테그랄 에이에서 비로 가는 길로 돌아와 냉큼 지뢰를 밟았어요 거기, 누구 없어요 제발, 살려주세요 살려…

관심 갖든 말든 체세포를 쪼개고 쪼개다 보면 나도 지뢰랍니다 기약 없는 시한폭탄은 고집스럽게 공전하구요 위성에서 검색한 도시에는 새까맣게, 불알 달린 도둑고양이들 하느님은 아시죠 에이와 비 사이 델타 엑스가 제로에 가까워지는 동안 빌딩은 발가벗고 공습경보는 울리겠죠 민방위 훈련을 평시에만 하란 법 있나요 조만간 전투기는 이륙하고 무장한 미 해병대 수륙 양용 장갑차가 상큼하게 상륙할 텐데요 눈 푸른 바다에 누워 아름다운 기총소사 대공포의 불꽃놀이를 돌비 시스템 서라운드로 감상하는데 흰 눈은

지옥의 옥상과 쥐를 닮은 아저씨와 허리 졸라맨 깡통의 상관관계에 관한 삼각함수랍니다 함박눈에 사인 코사인 더해지고 지하도를 건너기도 전 지뢰는 터져서 피난할 곳도 없는 타워 크레인입니다 무릎 꿇기 싫어 나무에는 꽃도 피지 않구요 개조되지 않는 창 밖에는 퓨즈 나간 사이보그들 빌어먹을 아저씨는 약발 다한 실탄의 포로가 되죠 에이와 비 사이 단호하게 철망을 긋고 비석을 세울까요 쇠잔한 꿈 가누기도 힘겨운 날들이에요 빨리 약을 주세요 약으로 만들어 주세요 예 하느님 목적지는 있고 항로는 없는 폭격기가 함부로 분말을 투하하는 하늘에 계신 아저씨 벌써부터 약에 취하셨나요 지뢰 찾기는 너무 따분해 땅을 베고 누운 아저씨 무한대로 가라앉는 우리 예쁜 아저씨

잎이 져야 날은 갠다

움푹 팬 벚나무 허리춤에 가는 비가 내린다
흰 실선 가로지른 아스팔트에서 빗방울은 통통거리고
병든 저녁을 지키는 노인들 속을 날아서 비둘기들
분주하다 먹이를 찾는 일은 사람이나 짐승이나
발등 붓는 일, 으깨진 발가락을 뒤뚱거리며
쥐똥나무와 벚나무 사이 먹이를 찾아
정신을 집중하는 새, 검푸른 입 속으로 사라지는
서글픔은 먹이에서 비롯되는 것만은 아니어서
비둘기는 이따금 출렁이는 공중을 선회하기도 한다
시청에서 공급해준 둥지가 내려앉은 게 엊그제
둥근 스텐 의자에 앉은 노인의 등줄기가
부서진 지붕에 눕혀진다 긴급 피난처로 날아가는 새는
알까 부어오른 발등보다 일없이 늙어가는 사람들
마른 잎 수북이 진 자리 팔랑팔랑 추락하는 새잎을
봄잎이 며칠을 두고 떨어져야 비 그친다는 걸
막차를 타고 떠나는 이들이 행복하기도 한 봄날
가느다란 목숨을 붙든 삭정이마다 가는 비가 내린다

꽃 지고 난 뒤

달은 높이 떴고 손은 무대 아래 있다 모래가 떠다니는 무대는 척박하다 바리케이트처럼 완강한 모래바람, 뭉툭한 그림자가 무대 밑에서 지문을 파먹는다 지문이 팔뚝을 파먹는다 뼈 앙상한 팔은 달에 닿지 않고 손이 그리는 달콤한 달무리를 본다 달이 지평선까지 내려온다 달빛은 향기롭게 날아다니지만 무대는 건조하다 매운 세월이 지나간다 부서진 모래언덕에 시선이 머문다 짧고 가는 팔뚝은 가슴이 저리다 동그라미 안쪽에서 저린 불꽃이 튄다 달무리 바깥에도 새까맣게 불길이 인다 검은 달빛은 달이 출산한 무대의 것, 발자국마저 무대 뒤로 저물면 이을 수 없는 지문이 소용돌이친다

그 지문에는 씨앗이 없다

종합선물세트

설 가까운 마을 초입 연쇄점에는 한 무리 과자더미 엄마 엄마 고깔모자 위로 동전이 날아다녀요 얘야 빛살을 잘 지워야 별이 될 수 있단다 나는 오리온에 가고 싶어요 막 콘크리트를 타설한 한길에서는 공 굴리는 사육사도 울렁거렸어 몸뚱이보다 큰 과자더미를 삼킨 곰 발바닥에도 피뢰침 돋아났지 엄마 땅바닥이 따끔거려요 굳은살 박여야 추위도 소화할 수 있는 거란다 바늘은 참 쓸모 있는 조교란다 설은 가깝고 한적한 마을 바람은 옷핀처럼 날아다녔다 공 굴리던 사육사는 재주를 넘고 짝짝짝 박수도 구령에 맞춰서! 연쇄점은 일렬종대로 늘어선 손님들 목구멍에 천국행 티켓을 투여했지 먼 나라는 여전히 겨울이란다 나는 따뜻한 오리온으로 갈 거에요 무덤이 둥글둥글한 건 동전을 삼켜서인지 뱉어서인지 엄마 엄마 아폴론이 춤을 추어요 사슴의 골짜기는 아주 먼가요 흔들리는 송곳니는 호주머니에 넣어 두렴 플러그를 뽑아야 할 시간이구나 설 가까운 연쇄점에는 공 굴리는 사육사들 포동포동 살 오른 머리를 겨누는 사냥꾼들 저녁 가까운 마을 근처 연쇄점 허물어진 빈터에는 엄마 고깔모자 향기가 겨울을 몰고 다녀요 커다란 꽃씨를 들고 오리온에 가고 말 거예요 동전이 달아올라요 겨울이 점점 단단해져요 계단이 뚝뚝 부러지고 있어요 나머지 빛살마저 지우고 바다 깊이 가자꾸나 얘야 시장은 멀고 설 지나간 마을 초입 어두운 공터를 지나

겨울에 살해당한 마법사 이야기

꿈꾸는 동안 붕어빵은 황금으로 변하지 먼 훗날 황금은 돌아올 테지만 멀미하는 나는 일 없어 꼼짝없이 꿈에 갇혔네 그녀는 내게 마음 주지 않았어 공중 폭발한 우주선 증발하는 바다를 읽으며 붕어빵을 삼키네 날씬한 붕어빵을 나는 사랑해 황금빛 향기가 좋아 신호등은 우선멈춤 상태로 빗자루의 진로를 방해하지 꿈꾸는 동안 그녀는 상승과 하강을 반복하는 엘리베이터 안에서 알싸한 빵냄새를 가꾸네 아무도 듣지 않는 비행을 방해하는 중력이 지긋지긋했을까 코앞에서 홀쭉해진 달빛이 가여웠을까 소행성 지나 명왕성 지나 은하수 건너 인내심 많은 견우직녀를 만났다면 비행사는 행복했을까 F층에서 닫힘 상태로 열리지 않는 엘리베이터 바깥 다리 짧은 빵집은 비상벨 너머 무중력 공간을 떠도네 먼 훗날 다시 황금은 돌아오겠지만 당신은 누구세요 우리별을 방문한 목적을 또박또박 설명해 보세요 출입불가 상태로 인터폰은 먹통이 되고 스피커 속 어여쁜 당신 나는 그 고운 음성을 해석할 수 없어요 토실토실한 두 볼이 실감나지 않아요 대기권에 진입할 권리가 없는 빵집은 붕어빵을 만들지 꿈꾸는 동안 태양은 허가받은 만큼 녹아내리고 마취에서 깨어난 붕어는 뼈 없는 몸 흔들어 금가루를 뿌리네 빵냄새를 가꾸는 그녀가 나는 좋은데 내게 마음 주지 않았어 순진한 그녀는 금방 흐려질 비행 궤적을 차근차근 그려갔지만 대기는 동쪽부터 빈틈없이 몸을 잠갔네 멀미하는 나는 일 없어 빵집을 기웃거리고 녹아내린 우주선에 안겨 태양은 사뿐히 마법을 건너뛰었네 다리 아픈 그녀는 눈썹 긴 달빛에 이끌려 구석구석 검은 재를 채웠네 배신이 무르익는 동안 신나는 호루라기 식어버린 마법을 덤핑 판매하는 호루라기 소리, 붕어 떼는 연이어 태양계를 탈출하고 빵집은 영영 문 열리지 않았지 꼼짝없이 꿈에 갇힌 날들 불편한 나는 간절히, 알싸한 빵냄새를 꿈꾸는데

평행에 대하여

겉잎까지 멍든 경전이 수북이 쌓인
고무다라는 오랜 역사를 가진 성전이다
근 반 축복을 무쳐 찬미하거나
된장 풀어 엄숙히 경배하는 해거름
말씀 고픈 사람들이 내민 돈 몇 백 원과
한 근 깨달음을 교환하는 비닐봉지는
말하자면 기특한 전도사인 셈이다
노점을 벌여 날 푸른 희망을 섬기는
신도들은 목숨 어치 포교를 위해 열심이다
간이의자에 매달려 칭얼대는 아이는 아직
제단의 저녁에 대하여 알지 못한다
묵묵한 순종을 제물 삼아 지켜온
고단한 평형, 풀리지 않는 묵은 기도가
퉁퉁 부은 장딴지를 갉아먹는다
평평한 리듬으로 해는 적적해지고
시금치와 열무단 사이 물러터진 기울기
실적 없는 포교에 지친 어깨 위로 펄럭이는
세상 모든 위대한 종교는 시장에 있다

반쯤 허물어진 성전을 오롯이 지키는
할머니, 등이 부쩍 굽은 연유는
가파르고 무거운 저 신앙 때문이다

Fresh Life Restaurant*

신선한 살코기에는 관심 없어 테라스에 앉아 아메리칸 스타일 커피를 마신다. 푹신한 하늘 부드러운 땅을 사뿐 날아오는 아지랑이, 허벅지가 출렁거린다. 미끈한 커피 향기를 듬뿍 권하는 후레쉬 라이프! 거품에 빠져 허우적대는, 신선한 살냄새에는 관심 없어 흩어지는 구름. 스쿼시를 흡입한 땀방울로 치장한 휘트니스 센터 조화 우거진 울타리 너머 센트럴 타워 가득 루이비통을 하고 흐느적이는 탱글탱글한 육류는 얼마나 싱싱한지 손가락 담가 간을 보는 후레쉬 라이프 레스토랑. 세상의 모든 오전이 미끄러운 건 부패한 공기가 들이마신 숨소리 때문. 아스팔트에 떨어진 살점들이 뽑아 올린 악취 때문. 아이젠을 벗어야겠어 누군가 썩는 일은 우리 행복에 대한 보증이니까 맘껏 미끄러져 춤춰야겠어 커피 향 가득 붉은 잇자국을 남긴 아지랑이는 살냄새를 흔들며 떠나네. 손에 잡히지 않는 더운 김이 졸졸졸 살냄새를 따라가네. 저당 잡힌 신선한 근육에는 관심 없어 캠브리지 멤버스는 가까이 다가오질 않고 은근슬쩍 추방을 강요하는 오전 막바지

구겨진 작업복으로 무장한 막일꾼들이 횡단보도를 건너

온다.

그만 달아나야겠어

신선한 건 도무지, 무서워 죽겠다니까.

* 某 패밀리 레스토랑의 간판 광고 카피

지하로 가는 길

1

영안실 가는 길은 늘
내리막이다 너는
거기에 누워 날숨 깊이 새기고
시멘트보다 차가운 등줄기에
들숨처럼 쏟아질 별
밤새 기다리고 있을까

2

보일러실은 지하에 있다
삼십 촉 백열등이
보일러에게 전달되는 온기의 전부
제가 만들어 낸 온수나 열기는
모두 지상으로 전송하고
운전과 정지를 반복하다가
알전구의 수명이 간혹 깜박거리면
붉은 눈 곱게 포장해
안방으로 보낸다 그런 날에는

지하실로 이어진 계단을 조심해야 한다
끊어진 필라멘트처럼 어둠을 회복한 영혼이
곰팡내 속에서 도사리는 까닭이다

3
홀을 2층으로 분리한 지하 주점
증권회사에 다니는 그는 그곳에서도 2층을 찾고
나는 2층까지 이어진 계단 뒷자리
그늘을 찾아
익숙한 습기로 몸을 채운다

4
일주일쯤 한 달쯤 씻지 않은 얼굴 그 이상 빨지 않았을 포대기에서 아이는 손톱때 새까만 알을 입 속에 품고 있다 추운 거리를 비집고 부화한 알들이 먹이를 찾아 이동할 때면 초원을 떠돌던 풀씨는 모두 소문 없이 숨어버린다 풀씨가 숨어든 지하도는 끝없이 펼쳐진 몽골 초원이 되고 지하를 들락거리는 동전들은 점 점 점 흩날리고 애벌레가 양식

삶을 순한 풀잎이 나는 되고

5

발길 분주한 상가 입구를 점령한 초대형 교회 신도들 한 뼘 지상에 갇혀 천국을 노래하는데 그들이 뿌린 수십만 개 씨앗을 소통되지 않는 방언을 바득바득 지우고 있는데

저 음악이 보이지 않는 적막한 곳에 임재하는 어둠이여 영원하라

오래전 지구가 존재하기 전 빛이 탄생되기 전 나는 미아처럼 우주를 떠도는 먼지였는데 광선 없는 그곳에는 말없이 속삭이는 얼음의 체온도 따뜻했는데

지상에 돋아난 무지개를 걸러내는 어느 순간 나는 지하로 승차하는 것인가

묵직한 거름종이가 되어 털실 같은 어둠의 속살 어루만지는 행복한 갈증이 되어

침묵을 연주하는 악사들처럼

6

햇살 한 줌 들지 않아도 노래는 있다
봄 물어오는 여치 계단을 스치는 가을에는 귀뚜라미
원활한 호흡을 걱정하는 환풍기까지
뱃가죽부터 켜켜이 먼지 쌓여도
알몸으로 골고다를 오르던 사나이처럼 가만히
어둠 안을 때 어둠보다 빨리 안기는 어둠
동굴에 사는 모든 벌레가 자유로운 것은
소리를 만지는 안목을 가져서다
가느다란 늑골 사이로 퍼지는 선율이
동틀 무렵 고단하게 뒤척이는 어둠을 부축해
지하 깊은 곳으로 대피하는 아량도
어둠의 상처를 알아듣는 더듬이 때문이다

7

피 마시고 싶을 때 많았네
커튼을 흔드는 빛의 유혹이 창가에 머물면
환청에 이끌려 간 축축한 지하 통로
물어뜯긴 대동맥에서, 캄캄한

관 속에서 솟구치는 신선한 샘물
그 단맛을 아직도 기억하는지
젖은 벽으로 미세한 실핏줄이 뻗는다
오직 어둠과 기도로만 소통하는
즐거운 공동묘지 — 카타콤
황제의 피가 수로를 따라 로마 전 로마로
일제히 번져나갈 때 아주 잠깐
빛을 보았던가 구름에 대부분 가리었던가
드라큘라는 중세 루마니아의 백작이 아니라
고대로부터 전해온 음습한 공기, 달콤한 살을 파먹는
매혹적인 혼돈이었네

8

반지하에서도 양지식물이 잘 자라는지
스위치를 올린다 파르르 경련이 일다 멎는다
방에 들어서서야 떠오르는 단전통지서
질식한 걸음이 도착한 병실에는
굵은 표식에 갇혀 병색 깊어진 한낮

반쯤 무너진 천장을 팽팽히 내려당긴다
완전한 어둠은 한참 뜨거운 복날 오후
탈진해 들이닥친 희망에 깃들어 산다
얼마 전 분신한 그를 그만 잊고 말았다

9

지구의 자전이 밤낮을 만드는 게 아니다
알량한 태양의 양심이 지하를 기웃거리는 잠깐
불온하게 우리 꿈꾸는 것일 뿐

네발짐승

쓰레기봉투 사이로 어슬렁
네발짐승 한 마리 걸어 나온다 목줄 풀린 복날
밤길로 달아난 검둥이가 엊그제
세탁소 쇠말뚝에 목 매달린 일을 기억하는지
가랑이 깊이 꼬리를 말고 질문을 던진다
맛없는 고기예요 나는, 그래도 입맛 다실 건가요 목줄기랑 넓적다리랑 축축 늘어진 뱃살이랑 생각하면서 군침 삼킬 건가요 정말이지 나는 질기고 맛없는 고기라니까요
보신탕집 지나칠 때는 책가방을 늘 반대편 어깨에 메고 다녔단다 생똥 싸며 죽어간 개들의 혼백이 달라붙지 않기를 죽어서 나는 누군가의 먹이가 되지 않기를 미숫가루처럼 곱게 빻여서 내 발 닿지 않은 땅 내 숨 이르지 못한 물길에 깃들기를 기도하면서
낮은 대답을 알아챈 듯 금세 팽팽해지는 꼬리
불안한 화친을 조심조심 건너는 잠깐
왼편 어깨를 힐끗 돌아보는데 그 눈
마주치자 가슴께가 문득 저리다
두 발과 네 발 건강한 꼬리와 희미한 꼬리뼈 사이

가로지른 경계가 철조망처럼 완강하다
옛 조상들이 직립보행을 갈망한 것은
두려움 때문이었을까, 네 발로 살아가는 떠돌이개가
오스트랄로피테쿠스보다 현명한, 멀고 먼 조상 같아서
만수무강하소서 죽어서는 부디 극락왕생하소서
축원하는데, 아랑곳없이 개는
고요 속으로 멀어진다

12월 중순에 개나리가

치맛자락에 매달려 아이는 칭얼거렸다
장난감 대신 사탕을 쥐어주는 엄마의 눈도 간절하게 아이를 보챘다
주머니에 들어가지 못한 손등이 발갛게 부어올랐다
헐렁한 장바구니를 들고 앞서거니 뒤서거니 걸어가는 모자
등 시린 뒷모습이 오랫동안 눈에 밟혔는지 모른다
때 아닌 봉오리가 풍경처럼 글썽이는 걸 보면
모자는 멀어지고 또 멀어져 희미한 반점이 된다
개나리에게 티눈 같은 점들이 생긴다
끝장처럼 꽃봉 돋은 걸 착각한 저녁이 가지마다 타닥타닥 불씨를 지핀다
누군가의 그늘을 환하게 밝히고서야 비로소 나무는 자유로워지는가
희망은 눈을 파먹고 사는 짐승이어서
꽃도 별안간 피고 별들도 막바지 빛을 더한다
지금은 12월 중순, 저렇게 꽃이 피다니
나는 오늘

근근이 지탱해온 시력을 버리기로 했다

끈을 놓다

여자가 들어서자 발자국들이 덤불 속으로 숨어들었다. 치마가 짧다고 얼굴을 가리지 못하는 건 아니다. 언젠가 잘게 부순 향기를 냉정하게 나눈 적 있죠? 향기 없는 입술을 벗으며 여자가 말했다. 여자와 나를 묶은 건 사각형에 대한 은밀하고 희미한 기억. 네모난 기억들이 포장지를 뜯는다. 사각 틀 안에서 푸르게 빛나는 밤이 어설프게 우릴 안았던가. 우리가 어색하게 방 할퀴었던가. 백열등 부근에서 자글거리던 여자의 울음에 귀 막았던가. 끈 하나 의지하고 어질어질 깨어난 그 한밤, 안개가 끌려 왔다. 방을 나선 여자가 애타게 끈을 잡아당겨도 안개에게 가해진 고문의 흔적은 사라지지 않았다. 밤은 비겁한 사내들의 은신처. 안개를 섭취하지 마세요. 당신의 안식에 안개는 치명적이거든요. 울퉁불퉁 구겨진 모자가 긴 밤 내내 뒤척였다. 끈을 감고 떠난 여자는 다시 돌아오지 않을 것이다. 홑청 몇 겹 물고 히죽대는 사각형이여 그대 고운 거짓에 평화 있으라. 내 사랑에 결 고운 올가미를 먹이리라. 여자가 남기고 간 향기에 냉랭하게 질식하는 방. 더러운 이불에 그려진 지도는 문 밖으로 이어진 통로를 알려주지 않았다.

미로는 어둠 속에서 생존하는 법을 이미 터득했기 때문이다. 고장 난 나침반은 굵어진 끄나풀에 매달려 꼬물꼬물 사각형의 푸른 내장을 희롱한다. 모자가 크다고 사각형을 덮을 수 있는 건 아니다. 엉겨 붙은 매듭이 네모난 방 도처에서 쑥쑥 자라고 있다.

골목 略史

기침소리 잦아들고 날 밝은 골목에는 다툼의 흔적들
소복이 쌓여
쓸쓸하던 밤과 괴로웠던 어둠을 증언한다
증언은 언제나 격렬해서 생생하게 푸른 하늘
무서워
몸집 작은 짐승들은 그늘 찾아 탈출한다
다라이 가득 가라앉은 투명한 고요
깨질 듯 위험한 골목에 은행나무 들앉았다
오랫동안 잔주름 안고 있던 담벼락
골 진 틈으로 곰팡이 번지듯 병균이 잠입했지만
미세한 신음도 허락하지 않는 골목
끝없이 혈전은 가라앉고 공기는 불투명한데
곧 함박눈은 내릴까 무거운
대문 아래로 부슬부슬 흐르는 냉기
무서워
바람은 맵고 상여꾼들 발자국 소리
유적지 같은 다라이 위로 외마디 은행잎 진다
펄펄 끓는 심장에도 이파리 돋지 않는 이곳에서 비명은

소문 없이 사라지는 계절이다

제2부

연애

공룡시대

길게 이어진 가지 끝에 닿으면 거기 두 개의 손가락으로 두 개의 입술을 벌리고 파랗게 물들면 나는 네 거 너는 내 거 소꿉을 배열하지 그치만 그게 무슨 재미있는 놀이라구 저기 혓바닥 늘어뜨린 공룡은 활짝, 경쾌하게 살아나는 걸 창문을 열어 보렴 두 개의 팔을 펼쳐 두 개의 밤을 허공에 풀어 보렴 우리는 호랑나비 날개 접힌 암컷은 내 거 꽃잎에 기대 살랑거리는 수컷은 네 거 빛은 무서워 잠들기를 기다릴까 밤의 가장자리에 비상구를 만들까 나비는 날아가지 하지만 그게 무슨 소용이람 천 개의 달이 밤을 깨우는 걸 커튼을 걷어 가지 끝에서 내려가 지하로 갈까 바람이 물장구치지 않는 곳 두 개의 심장으로 지하를 열면 수면제가 필요해 두 개의 머리와 두 개의 눈으로 갈림길에서 만날까

불, 불, 불을 꺼

빛은 무서워 캄캄한 지하실에서 우리는 사랑하지 전신성형을 한 하우스에서 우리는 연애하지 곰팡이 예쁜 허벅시는 네 거 물집 잡힌 가슴은 내 거 우리는 재팟 그치만 그게 무슨 자랑이람 물길은 마르고 자명종처럼 멍드는 밤,

만 개의 화살이 공룡 같은 태양을 호위하고 있는 걸

세일즈맨 장미를 만난 어느 아침

이른 아침, 철망 사이로 바득바득 가시를 밀어 넣는다
미끈한 피부를 에워싸고 넘실거리는 익숙한 한기
자동응답기 짧은 메시지가 싹둑 심지를 잘라버린다
흙탕물에 나뒹그러진 팜플렛 어딘가 꽃은 있을까
남겨진 날들이 서명란 비어 있는 계약서를 윽박지르고
자존심도 없지 한길 쪽으로 머리를 조아린다 곧이어
봄, 눈물이 점점 부르트고 있다는 전갈이 도착한다
이제 핏물이 통증 따라 제대로 도는 일만 남았다
허공을 샅샅이 훑어 녹물 털어내야 그마저 꽃 붉을 것
향긋한 무늬를 가진 이름자 고대하며 혈혈단신
가시가 선봉에 섰다 은밀히 삭제될지도 모르는 셋방
순하게 꽃봉오리 놓는다, 아직까지 아침은 개봉 전이다

르네의 사생활

공룡시대

르네는 늙었어

방금 지나온 길은 복숭아꽃 흐드러진 춘화도였어 한 모금 입술을 깨끗이 비울 때마다 살얼음 낀 식욕은 어긋나 바스러졌지 던져진 동전을 차곡차곡 포개는 모델하우스, 챙 넓은 모자를 쓰고 즐거운 르네 꽃잎에 덮여 행복한지

르네가 태어났을 때 르네는 바람 르네는 향기 르네는 견디기 힘든 유혹

햇빛을 놓친 성이 저문다 뷰티살롱 진열창에 물길 돋는다 모자의 지층을 따라 퍼지는 지류를 포착한 감지기는 후천성 근육 결핍증을 앓는다 지루한 드라이브에 감염된 자전축은 제자리걸음

낮게 엎드려 조아리는 르네 척추에서 골판이 자란다 비늘을 들추려면 동전을 심어야 하지 계곡의 습기가 음모를 우거지게 만들 거야 택시기사는 건너편 뭍으로 가는 방법

을 모른다 조감도는 낡았고 벌거숭이 임금님처럼 아, 아, 아, 감탄사를 길게 이어 붙이는

르네가 늙었을 때 르네는 바카라 르네는 바다이야기 르네는 확신할 수 없는 펀드

바게트를 찬미할 시간이야 르네 엉덩이처럼 부풀어 오른 거품을 터뜨리자 묽게 번진 마스카라는 추억에 감금하자 복숭아꽃 벌건 춘화도 건너 자전축은 제자리걸음

무단횡단을 감행한 학생들 싱싱한 살코기를 냉동 보관하는, 모델하우스는 잊혀지고 디시 제로를 향해 미터기는 추락하고 무엇에든 관심 없는, 르네는 맛없는 비상식량

많이 아픈 르네는

저기, 아우슈비츠

1

*졸음에 취한 사람들이 사당역을 통과하는 지하철 4호선을 점령한다. 지하철에서야 완전한 졸음을 탐닉할 수 있다는 K씨는 "출근 시간이 가까워지면 온몸을 파고드는 쾌감을 감당할 수 없어 지각한 적이 많다"*고 말한다. *"사람들이 많은 출퇴근 시간에는 특히 더 몽환에 빠져드는 것 같다"*는 *L씨. 그에게* "요도가 오그라드는 환각"을 *경험하게 하는 지하철은* "엑스터시처럼 환상적인 존재"라고 *한다.**

2

캄캄한 양지로 몸을 몰아붙이는 테스토스테론을 이겨냈어요 이제 약을 의지해 걷는 일도 조금 익숙해졌어요 유방이 부풀어 오르길 기다리면서 나른하게 약을 삼키는데요 에스트로겐이 내린 순응의 축복, 어둠은 어둠 그 자체로는 유해환경이지만요 살 섞고 뒤엉킨 하늘과 땅, 유독가스 동산을 맘껏 활보하게 하지요

문득 깨어난 차창

잔인한 졸음이

흰 모가지들을 똑똑 꺾고 있다

도살당한 아침들이

즐비하다

*《뉴시스》 2007년 3월 16일자 기사에서 부분적으로 차용, 심하게 변용함

봄에 대한 보고서

1. 긴 평화의 시대는 막을 내렸다.

2. 연둣빛 실탄을 장전한 나뭇가지에 머리를 끼운다. 지루한 한시절, 나른해진 평화가 가스활대와 노리쇠를 게으르게 만들었다.

3. 하늘하늘 내리는 봄볕. 반가운 살육의 계절이 돌아왔다. 널찍한 도시를 향해 원정을 떠난다. 날이 갈수록 사냥감은 줄고 있지만 지천에 널린 사냥터. 간유리 너머 푸른 전장을 향해, 돌격 앞으로! 폭격의 흔적이 채 가시지 않은 백화점 두꺼운 얼굴에 퍼부어지는 포탄 세례.

4. 발밑에 깔린 짐승이 나를 살찌웠어. 빛깔 고운 선혈은 나를 몸서리치게 하지. 맛깔나게 흘러내린 피로 가죽을 장식하고 층계를 몇 더 오르면 최신형 자동소총이 지급되지. 숲 속을 가로질러 당신, 아바타를 해치우러 가. 크레모아 매설된 덤불 바깥, 주의해야만 할 걸. 새로 장착한 납탄환이 당신의 새끼들을 관통할지도 몰라. 공중 높은 곳에서

쏟아지는 햇빛의 기총소사. 방공호는 멀고 눈부심은 짧아 피할 수 없으므로 이제 전투를 흠모하라.

5. 명령문 번호 : USA 21C_007

생육하고 번성하라. 전쟁의 시대는 바야흐로 너희들의 놀이터. 좀비가 될 때까지 진화하라. 사상보다 광기를 지켜 살아 움직이는 모든 뇌를 박멸하라.

6. 전면전이 시작되었다. 지구를 이탈하는 피난행렬이 다른 은하로 러시한다. 중립을 선언한 몇몇 은하는 오래전 셔터를 내렸다. 태양을 향유하던 시민들은 건물의 엄호를 받으며 그림자로 전이된다. 파스텔 톤 피를 씻기며 붉은 비가 내린다. 갓 자유를 얻은 탄피가 똘망똘망 죽어간다.

7. 인해전술 : 포탄 대신 사람 투하하기. 전면전 막바지 아이템이 바닥난 종족들이 주로 사용하는 전술. 바닥에 떨어지기 전 대부분 사망하지만 생명을 유지한 것들은 좀비

가 되어 적진 깊숙이 침투, 게릴라전을 벌인다. 원격조정으로 지하 곳곳에 암약해 바퀴벌레로 변신, 적진을 습격하기도 한다.

8. 프로그램을 끝내기 위해서는 관리자의 승인이 필요합니다. 재부팅 후 인증 과정을 거쳐야 정상적으로 시스템은 종료됩니다.

9. 정전 협정 후에도 여전히 전선은 따뜻하다.

102동 화단

곱게 접혀 포장지에 들어가기 쉰내 나는 아침마다 박스에 담겨 분주하게 발송되기

배회하는 번지들 우기는 감감 밤새 뒤척인 구두도 감감

냄새 찾아 투항한 게릴라를 울컥울컥 게워내는 아파트 더러운 꽃들 만개한 화단 가장자리 수천 개 바늘 꽂고 승천하는 강아지풀

보송보송 날아다니는 기호를 생략하고 단숨에 전송되는

문 앞을 서성이는 그림자들

「검은 사각형」, 카지미르 말레비치, 캔버스에 유채, 110×110cm, 1920년대

여섯 개의 그림자가 문 앞을 서성인다
거칠게 엉킨 가시덤불 사이 드문드문 드러난 광택이
그들이 미지근한 생명체임을 증언한다
빛이 죽고 소리도 죽고 향기도 죽은
방, 움직이는 모든 식물이
움직이지 않는 모든 동물을 욱여 집어넣는
매일 열려 있으나 매일 닫히는 문
일정한 시간마다 정체불명 어둠이 문턱을 넘나든다
둔탁한 전자음향이 검은 휘장을 내려
복도를 덮는다 서서히 열차가 진입한다
쇼핑몰을 챙겨 공장이 승차하고 가시덤불이 뒤를
잇는다 빛과 소리와 향기를 적재한 화물칸
맨살이 닿지 않을 만큼 적당한 거리를 두고
차곡차곡 짐을 쌓는다 쓸데없는 관심은
필요 이상 당도를 높여 군침을 만들고
양산된 군침은 자유로운 고립을 방해한다
매일 닫혀 있으나 매일 열리는 문

가시덤불에 꿀벌 한 마리 날아와 앉고
문이 열리는 순간 안으로 빨려드는
여섯 개의 그림자, 다시 문이 닫힐 때
미처 들어가지 못하고 잘린 정강이 하나
냉랭한 상자 밖에서 암매장되고
물기 없는 철길을 질주하는 열차
우직하게 가라앉은 쇳덩이의 냉기가
당일 택배로 발송된다
테이프로 봉인한 상자를 풀어헤친 저녁 무렵
잘게 썰린 여섯 개의 그림자, 광장으로 이식되는

회색을 말하다

나는 밥을 말했고 너는 별들의 안부를 물었다
나와 너의 대화는 수억 광년 떨어진 행성에서 벌어졌다
얼음으로 무장한 혜성이 공전궤도를 스쳐갔고
이따금 태양의 흑점에서는 거대한 폭발이 일어났다
다시 수억 년이 흐르고 나는 안부를 물었다 너는
카이퍼 띠로 추락한 명왕성*을 이야기했다
태양계 한 끝에서 활시위가 팽팽하게 당겨졌다
사람들은 지구에서 포근한 겨울을 보냈다
마른 풀들이 밤새 뒤척이고 있었다
소행성이 지구를 향해 날아온다는 뉴스속보가
빈 물잔 속에서 흔들렸다 너는 물기 없는 눈으로
일어났다 밥을 옹호해야 하는 내가 슬펐다
소행성이 앗아갈 밥에게 미안했다
밥을 먹지 않는 네가 정말 무서웠다
태양계 한 끝에서 광속으로 날아오는 화살
불쑥 출몰한 혜성이 궤도를 비껴 지나치고
태양의 흑점에서는 자주 거대한 폭발이 일어난다
자전과 공전이 생산한 수억 년과 수억 년 사이

밥과 안부로 포장하는 우리의 대화가, 참 부끄러웠다

* 명왕성은 태양계의 다른 행성들에 비해 지나치게 작은 크기, 타원에 가까운 불규칙한 공전 궤도, 카이퍼 띠에 속하는 천체들과 유사한 운동 패턴 등의 이유로 행성의 지위를 잃었다. 카이퍼 띠는 해왕성 바깥쪽에서 태양의 주위를 도는 운석, 얼음 등 작은 천체들의 집합체를 말하는데 명왕성은 행성이 아니라 카이퍼 띠에 있는 천체라고 한다. 이에 따라 명왕성은 행성의 지위를 박탈당하고 '소행성 134340' 이라는 새 이름을 얻었다. 명왕성의 세 위성 '카론', '닉스', '히드라' 도 제 이름을 잃고 각각 '134340 I, II, III' 으로 불리게 되었다.

그들의 다리 사이

검은 부츠가 신호를 기다린다

지금은 노랑

잘게 부서진 햇살이 차창을 습격하는, 저녁으로 가는 길은 위험하다 알록달록한 화살 슝슝 날아드는, 대기 중인 차량의 지붕과 바다는 지금 동일하다 뭍으로 가는 길은 사방이 무지갯빛 가시밭 향기가 되기에는 식탐 너무 심한 광야에서 부츠의 머리는 오른쪽으로 기운다 부츠 깊숙이 뿌리내린 갈색 고목은 잇몸에 남은 고기를 떼어 씹는다 풍랑이 인다 떼 지어 고기들이 날아다닌다 저 많은 고기를 먹여 살리는 참 위대한 사막 펄 샤이닝 립스틱처럼 윤기 나는 사막에 들어서자 부츠의 눈동자 총총해지는

지금은 빨강

산호 빛으로 변신하는 대로를 가로질러 부츠는 미련 없이 떠나고 적록색맹 환자들, 육교 쪽으로 저녁을 끌어당긴다 납작해진 허공이 집어등을 매달고 달려온다 저인망에 걸린 저녁이 파닥거린다 바다 건너 외딴 섬에서 가랑이, 한껏 벌린 부츠는 너무 예뻐서 사탕 먹을래 사탕 줄까 나긋나긋 저녁을 조르는

지금은 암흑

이기적인 유전자들*

커튼피그트리

목표를 정하면 한 치의 오차도 없이 움직여 땅에서 가까운 발목부터 천천히 목을 조르는 거야 독은 없어도 아나콘다보다 탄력 있는 덩굴이 나의 무기 내 황홀한 샘물에 빠져보지 않겠니 즐거운 소풍처럼 환각처럼 한 점 후회 없이 녹아내리는 너의 몸뚱이 네 들숨이 곤하게 흔들릴 때 딸기향은 은은히, 나의 배려는 감미로워서 날숨까지 쪽쪽 빨아마실래 행복을 보증하는 은행을 개점할 거야 근데 내게 표를 몰아주는 고마운 넌 행복한지, 궁금해

신앙을 만드는 사람들

바벨의 궁전 아래 조아리는 백성들 해발고도 300m 둥근 바벨에 오르자 기어서 열심히 빌어서 간절히 튼튼한 너희들의 신앙은 우리의 일용할 양식 배부르고 싶은 자 무릎 꿇어서 여기 겹겹의 축복은 있어 너희 근성을 제단 가득

바쳐서 궁전으로 가는 고속도로에 날개는 포근하고 폭죽처럼 황홀하고 캐비어처럼 달콤하고 바벨에 오르자 찬송가 흐르는 새 에덴에서 카인과 아벨은 너무 쉽게 포옹하고 너무 쉽게 살인하고 공중에 누운 파랑새처럼 푹신한 신앙에 안겨 잠드는 꿈의 백성들 바벨에 오르자 저기 철조망 너머 화려한 파티처럼

믿음은 화공약품이야 무지갯빛 비누거품이야 실은 단순한 기계 덩어리야

살아있는 시체들의 강

아기는 아장아장

물 건너 유채밭까지 풋내 나는 걸음을 옮기네 물 위에는 기름기 반질반질한 티라노의 콧김 이따금 수면이 흔들리는 건 물가를 배회하는 아이들의 착각 배고프니까 아기는 아장아장 물가로 가네 따가운 모래밭 지나 오른발 왼발 오

른발 발 닿는 곳마다 죽은피 고인다 목마르니까 무릎과 무릎 사이 댐을 만든다 왼발이 썩는다 오른발이 썩는다

아기는 엉금엉금

엄마가 흔들려요 아빠가 들썩여요 그래서 겨우 목을 축여요 지금은 갈수기니까 변심한 모래와 공존할 수 없어서 걸음마를 포기하고 너무 배고프니까 엉금엉금 오른팔 왼팔 오른팔 모래늪에 빠져서 여기는 너무 무서워 엄마 무릎이 무너져요 피가 흐르지 않아요 물 건너 유채는 지고 피가 돌지 않는 여기는 좀비들의 낙원

엄마 아빠 어둡고 캄캄한 곳으로 돌아가야 하나 봐요 까맣게 잠들어야 하나 봐요

* 『이기적인 유전자』(리처드 도킨스, 동아출판사)의 제목 차용

골목 略史

꿈꾸는 동안 채무는 늘고 겨울, 더벅머리로 눈곱 낀 주술 외우는데 모퉁이마다 독 오른 부리들 기름종이처럼 창구는 미끄러지고 떨이로 남은 감잎을 쪼는 까마귀처럼 바람은 독하게 몰려오고 발 동동 구르는 뿌리 깊어도 끝 모를 어둠 꽁꽁 얼어 가는

순한 양

한 마리 키워 보시겠어요?

등허리에 수천 개 구슬이 곱슬곱슬한 양떼를 키우는데요 성격도 얌전해서요 고분고분 말 잘 듣지요 성실해서 일 잘하지요 밤일은 여벌, 정력적이거든요 백화점 가득 걸려 있는 모직코트를 보셨나요 바리깡으로 등을 밀어도 꿈쩍하지 않아요 참을성도 많거든요 가끔 향수병을 독하게 앓고 나면 한동안 식음 전폐 일손을 잡지 못하는 게 흠이기는 한데요 일 년 건너 두어 번이면 눈감아줄 만하지요 화공약품 발암물질에 절어도 내색 하나 않고요 수시로 임금을 체불하거나 떼어먹어도 아무 소리 없어요 감사하게도 기억력이 나쁘거든요 모자라진 않아요 먹이에 세심하게 신경 쓰시면 돼요 여름엔 주물공장 겨울엔 냉동창고로 열심히 부려 보세요 근육질 우리 양들은 열 사람 몫도 거뜬하니까요 가무잡잡한 피부가 거슬리기는 해도 효율성이 최고선 아닌가요 그만한 건 감수해야죠 인생이 지루할 땐 장난감으로 그만이지요 살살 송곳니를 긁어 보세요 처음 경험하는 오르가즘이 당신을 전율하게 만들 거예요 하지만 밤 깊어지면 반드시 목줄로 묶어 두어야 해요 그게 번

거룹거나 성가시다면 튼튼한 우리에 가둬야 해요 어둠의 마약에 취해 주인을 물어뜯을지 모르거든요 불경하게도 주인을 먹잇감으로 여겨 덤빌 때도 있기 때문이지요

아참, 미리 말씀 드렸죠? 기억력 무지

나쁘다는 거

아미스타드

공룡시대

어머, 당신의 마을에도 비는 내리는군요 비 오는 날이면 수채화를 그려요 공주로 사는 일이란 가꾸는 일이지 않겠어요 부드러운 터치로 투명하게 나를 완성하죠 그이가 잘 들여다 볼 수 있어야 하니까요 당신은 장거리 여행 중이신가 봐요 벌써 아흔 날이나 천막에서 생활하신다구요 정말 멋져요 얼마나 낭만적일까 당신에게도 이 빗소리가 들리나요 창밖으로 저무는 한강을 우아하게 채색하고 있어요 랩소디가 통통거려요 비발디는 정말 매혹적이죠 오늘은 웨스턴 스타일로 화병을 교체하는 날이에요 저는 튤립인데요 아마도 그이는 아네모네를 들이겠지요 걱정하지는 않아요 늘 그랬으니까요 가지런히 발목을 자르고 코르셋을 조이면 전 아네모네가 되지요 노란 원피스를 입고 그이를 위한 향기를 만들죠 테이블스탠드에 화기가 돌아요 원앙금침을 펴고 근사한 밤을 준비해야겠어요 아, 공주라서 행복해요 약시라서 편안해요 생각을 소유하지 못해 즐거워요 우리 마을의 비는 장밋빛인데요 당신 마을의 비는 어떤 색깔인가요

결혼행진곡

공룡시대

눈부신 하늘 사이로 유리문 열리다

주물공장에 조문객들 북적이다 손바닥에 닿은 손바닥을 지우다 하얀 장갑에서 냉정한 문서 자라나다 땅을 사랑하는 먼 마을의 이야기를 펼치는 피아노 목관처럼 차가운 밥알이 거울에 어른거리다 계약서에 서명하고 성분함량을 입력하다 주례가 엄숙하게 사용연한을 확인하다 지하에서 철제 계단 올라오다 폭죽처럼 백열등 터지다 로봇팔을 환영하는 공장주들 선하게 미소짓다 출하를 준비하는 남자가 흐뭇하게 침 흘리다 새하얀 공장을 향해 행진하다

가까운 마을에서 사나운 햇빛 작열하다

공룡은 인형을 좋아해

손놀림이 헐떡거린다
가위가 필요 없다고 생각한 사내는 도색사이트에 눈을
꽂는다
형광등 불빛 쏟아지는 모니터 가장자리 촉촉이 젖어
모로 누운 금전출납기
머릿속에는 똘똘한 은화와 푸른 지폐가 날아다니고
'개봉 시 현금 반환 불가' 표지를 단 리얼 돌은
고혹적인 표정으로 사내를 유혹한다 홀연히
무지개는 뜬다
전파를 통해 대량 생산된 색은 전파를 통해 대량으로
전염된다 뫼비우스의 띠처럼 알록달록 핏기가
돈다 가위가 필요했지만
가위가 아닌 휴지로 향하는 사내의 손
— 덫에 걸린 먹이일 뿐이야 넌
현금을 꼭꼭 씹어 삼키고 인형 속으로 사라지는 출납기
맞은편 어느 마을에는 지금 쉰내 나는 비가 내린다
우거진 수풀 사이로 공룡이 튀어나와
'메이드 인 공룡시대'

사내의 가슴에 선명하게 낙인을 찍는다
휴지를 말아 누운 몸 곳곳 딱딱한 비늘이 돋는다
사내의 방에서 해고된 은화와 지폐가 지워진다
이쪽 어느 마을에도 지린내 나는 비가 내리고
코를 잘라낸 사내는 문 밖으로 가위를 던져 버린다
인형을 부둥켜안은 하루는 점점 딱딱해지고 사내는 조금씩
말랑말랑해진다

화석은 매장에 있습니다

지퍼 올린 가방처럼 당신은 말이 없군요 전설을 듣고 싶은 건가요 이 거리에 거주하던 전설은 벌써 따옴표 속으로 증발했어요 UFO가 출몰하던 대낮이었죠 집요한 민완탐정처럼 사람들은 마침표를 추적했구요 편 가르기에 능란한 마침표의 횡포가 해바라기보다 곱절은 더 크고 높았을 땐데요 마을을 점령한 외계인들은 따갑게 살갗을 쪼아대는 황금마차를 열심히 홍보했어요 공중을 내달리는 수레바퀴가 부드러운 대지를 접수했지요 전설의 실종을 신고하는 전화가 경찰서마다 폭증했어요 그런데 빗물이라니요 흠뻑 젖은 머리도 바삭거리는데요 젖과 꿀이 흐르는 눈물의 강을 가로지르는 기적은 정말, 하늘에서 갑자기 떨어지나요 UFO의 축복으로 기세 오른 귀부인은 귀를 베서 비밀금고에 보관하구요 샛노랗게 염색한 아저씨는 반짝이는 금니까지 뜯어 저장하는데요 정말 전설을 듣고 싶은 건가요 주파수를 감지하지 못하는 튜너는 발기불능인데요 안테나를 철거할 때가 된 것도 같은데요 거미집에 세들 때가 된 것도 같은데요 멸종한 전설의 DNA도 모르는데 어떻게 복원하란 건가요 화석이 정 그리우면 할인마트를 방문하세요 가지런히 정돈된 기념품이 준비되어 있답니다 그런데 지퍼는 지참할 수 없다는 거, 알고 있겠죠?

제3부

천국의 아이들

무기력한 하늘을 향해 모형 소총을 겨냥하는 아이들 푸른 물 위를 둥둥 떠다니는 비비탄 좇아

날아간다 피융 놀이터의 그네도 깜짝 놀란 참새도 모래밭을 뒹굴던 오후도 무모하게 피융

사막의 여우* 한 떼
목줄기를 노리고 달려오는

벌써부터 핏발 선 천국의 모래밭, 최면에 걸린 총구를 겨눈다 피융 피이융

* 미국의 걸프전 작전명

어디선가, 아이 말리는 연기

그 앞에 서서 아이는 말이 없었네

십여 미터나 되는 단단한 어금니가 날이 선 듯 번쩍거렸네 녹슨 철제 난간 너머 아이가 물고 다니던 꿈이 굴러다닐지 어망처럼 꼬인 격자무늬가 입술을 달싹였지만 아이는 고개를 가로저었네 지붕 위를 보고 싶은 아이들은 천천히 벽을 타고 있었네

해가 넘어가기 전 골목길 옹벽과 수직으로 맞선 고개가 꺾여 땅과 평행이 되었네 검은 눈동자에 문득 하늘이 그림자가 들이쳤을지 손에 닿으면 파르르 부서지는 재처럼 담쟁이의 실루엣은 얼마나 가벼운지 어둡고 깊은 물살이 아이의 허벅지에서 출렁거렸네

배는 없고 물살에 떠밀려 길어지는 아이의 목선

허리가 뒤로 접힌 아이가 옹벽을 기어올랐네

물은 아이의 속도보다 빠르게 차오르고, 옹벽은 완강하게 물을 껴안고, 아이는 물에 잠기고, 그 앞에 누워 저녁놀 말이 없었네

어디선가 젖은 연탄 말리는 연기

모락모락 피어올랐네

마법의 나라 할아버지

나는 오후 두 시의 색깔

색동옷 입고 변신할래요 버너를 열어주세요 한 바퀴 버너를 돌리면 펑 날개옷이 나타나지요 적당한 기압으로 나는 쾌속 성장하구요 연기와 함께 날아오르는 나는 오후 두 시의 허기, 캔디를 먹여주세요. 할아버지의 주문에 부풀어 오르다 폭폭 김을 내뱉다 밤하늘처럼 팽창하는 봄날 천지에 아지랑이 피어올라요 버너를 달궈주세요 다시 한 바퀴 돌면 펑, 골목 안으로 날개는 달아나지요 아주 잠깐 우울해져요 뜯어먹을 날개가 없으니 벌거벗을 밖에요 지팡이를 휘둘러 호이 호이 땅을 깨우는 나는 오후 두 시의 축포, 무지개처럼 뭉게뭉게 튀어 오르는 밥알. 골목에서 폭죽이 터질 차례인데요 주문이 바닥났으니 색동옷을 어떻게 입힐까요 저기 깃발은 펄럭이는데 펑 펑 골목은 가라앉구요 친구들은 하나 둘 변신하구요 아름다운 새 나라 뉴타운 공화국 기온이 상승하네요 쿠키가 태어날 시간이에요 노릇노릇 잘 구워진 나는 오후 두 시의 비스킷, 부푼 살점을 떼어 입 속에 넣으면 착착 감기는 부드러운 칼. 어른들의 날개옷을 뜯어먹어요 후회를 알지 못하는 나는 오후 두 시의 폭력, 오후 두 시가 저만치 달아나도요 할아버지, 펑 펑 튀기 튀기 튀기, 달아나기에 익숙한 어른들의 날개옷은 얼마나 하늘거리는지 몰라요

그런데 둘리는 어디에

병원놀이

어지러워진 지구는 중심을 잃어버리고 한껏 홍에 취한 아이는 가느다란 목을 까닥까닥거리고

침몰한 고깃배에 대해서 귀신은 야옹

기울어진 아이의 손가락 위에서 지구는 돌고 약간만 위도가 어긋나도 유빙은 녹고 말발굽 밑에서 지축은 텅텅 뱃가죽을 두드리고

뱃전에 귀신이 붙었다고 귀신은 야옹 야오옹

밥을 먹고 지구는 돌고 알약을 먹고 지구는 돌고 며칠째 굶고 지구는 돌고 젖 마른 엄마는 뱅뱅 도는 지구에 누워 링거를 맞고

나는 고깃배를 좇아 떠도는 귀신이라고 갸릉 갸르릉

아이를 팽개치길 기다리며 간호사는 졸고 안구건조증에

시달리는 의사도 졸고 뱅글뱅글 병원도 졸고 세상에서 내리고 싶은 귀신은 지구를 돌리고

마른 젖 쪽쪽 빨아 마신 간호사는 은근히
귀신과의 동침을 권하고

접시에 매달린 지구가 비틀비틀 흘러내리고 아무도 책임지지 않는 나날들이 녹아내리고 놀이에 싫증난 아이가 멀리 목덜미를 구겨 던지고

용감하게도, 젖 마른 엄마는 평화롭게 잠들고

말랑말랑한 유령들

공룡시대

옛날, 아주 가까운 옛날에는
혀 가득 말랑말랑하게 감기던 저택의 공기
팔뚝에서 달콤한 살 녹아내리고
한데 엉킨 여자와 남자는
서로의 살을 맛있게 뜯어먹었다
이빨 틈마다 젖이 흘러내렸다
창틀에 고인 선홍빛 젖
붉은 색을 선호하는 아이들은 젖보다
살점 튄 창틀을 갉아먹길 좋아했다

창틀의 높은 당도는 새로운 바이러스를 출현시켰다 성기 끝, 농처럼 자라는 노릇노릇한 눈금 자가생산이 가능한 눈금은 정낭에 고여 무정자증을 일으켰다 창틀에서 돌연변이들이 걸어나왔다 난자를 유혹하는 데이트 쇼 돌연변이들의 질주

사내의 몸 구석구석 압류 딱지가 붙었다 쇼는 중단되었다 공매예고서를 받아든 여자는 아이들을 분해했다 조립

순서를 기억하지 못하는 여자는 창틀을 떼어 창문 속으로 사라졌다 창틀이 사라지자 벽이 휘어졌다 휘어진 기둥 사이에서 공기는 달콤했고 바람은 요염했다 사내는 저택에서 지워지고 굽은 벽을 긋는 전기톱날, 색조 화장이 고왔다 날카로운 이빨을 뽑아낸 아이들은 향기로운 공기 밖으로 축출되었다 감염된 살점 속에서 쇼는 재방되고

시든 저택을 우회해 이빨 흩어지고
아이들의 부속이 창문 근처를 굴러다니는

옛날, 아주 가까운 옛날
그림사 행방불명된 지댁에는 형체 없이 말랑말랑한 유령들
쇼를 뜯어먹는다 맛있게 산다

햇빛의 냄새

느티나무 아래 군청색 햇빛이 고여 있다 점점 묽어져 젖은 흙길을 푸르게 물들이는

느티나무를 가로질러 걸어가던 소년이 푸른빛에 녹아내리고

담장을 따라 하늘이 번진다 철책이 자란다 그 곁을 뛰어가는 소녀의 머리가 어두워진다

포로가 된 붉은 가방은 생살 사이에서 딱딱해지고 굳은 다섯 개의 방을 건너 변신하는

소녀의 몸에 금속성 냄새가 이식된다 부패하기 시작한다 머리가 줄어든다 사라진다 머리가 사라진 소녀가 소녀의 어깨에 팔을 두른다 눈보라처럼 비상구처럼

느티나무에는 군청색 토르소들 주렁주렁 여물고

그림자 밟은 햇빛은 독한 약품 냄새를 슬그머니 감추고 있다

실종사건 전문 탐정의 수첩

끊임없이 굴뚝 자라 오르는 거대한 이 공장에서 수시로 아이들은 실종되었다 마르지 않는 우물의 깊이를 가늠할 수 없는 기술의 한계를 다행스러워 하는 사람들 그저께 사라진 아이들이 불에 탄 채 궤도에서 발견되었다 월요일이 지났다 이산화탄소 가득한 안개 몽롱한 협곡에서 탐문 수사를 시작한다 옳습니다 그릇 읽을 때 아이는 종종 사라지거든요 활활 타오르는 능동의 문장을 주체할 수 없기 때문이죠 내부에서 고압으로 마그마 끓어오르는 그들을 고체상태로 존재하는 세계는 이해할 수 없었다 잘못 읽히고 기화하는 아이들 가스에 취해 어느새 나도 기화하고 있는 걸까 목탄으로 추적하는 실종 사건은 검은 이빨들의 만물상이다 드문드문 드러난 족적은 미심쩍은 짐승의 언어다 잇몸이 부식하는 것은 문장의 열기가 피동형 굴뚝을 거부하기 때문이다 자유분방한 연기의 너비만큼 세계는 좁아지고 아이가 탈출하려 했던 대기는 아직도 단단한 철망이다 씹어주세요 선생님 아니 사장님 꼭꼭 씹어 삼켜주세요 뒤집어 나를 살펴보고 싶다면 세상의 모든 굴뚝을 불살라야 합니다만 포름알데히드는 소프트아이스크림처럼 흐무러지고 굽만 남겨진 샌들 실종된 아이는 불가해한 여섯 개의 문신을 자랑한다 발톱 세우고 호랑이 굴로 들어가 잠을 부른다 끈적끈적 달라붙는 잠 융털에서 실종자들의 이름이 불규칙하게 점멸한다 월요일이 지났다 굴뚝에는 유독성 가스 무성했고 마이크로 녹음기는 성을 착각했다 젠더는 도입부분에서 강한 저항을 만든다 나는 남성인가 여성인가 자기장을 생포한 블랙홀처럼 얼굴을 마모시키는 굴뚝 새로 발견된 시신의 신원을 확인할 수 없다 거울을 증오하는 공장은 영원히 번창하리라 매끄러워진 얼굴이 놓아버린 시간은 물먹은 식빵처럼 풀어진다 단호하게 거울을 깬다 당신의 거울에도 풀리다 만 식빵이 덩어리 채 떠돌고 있을 것이다 늦은 아침을 욱여넣고 도를 하듯 기도한다 모든 탐정은 굴뚝의 보균자다 그대들의 평화를 위해 인피人皮로 기록한 나의 유서를 부디 그 누구도 낚아채지 않기를! 도화선이 사라진다 사방으로 거울 조각이 튀어나간다

아이들은 멸종되었다

행복한 주말

스타카토처럼 토막 난 동아줄을 본다
왕복 사차선 도로를 무단히 건너던 한 가닥 목숨
하얀 스프레이에 갇혀 드러누웠다 옛 유물처럼
웅성이는 사자들 전선 위에 흩어진 사탕들
발끝까지 덮어 내린 심각한 어둠을
훔쳐보는 동안 컴컴한 주말에 누운 그는
맘 무척 급했겠다 탄내 풍기는 타이어 자국을
낱낱이 헤아린다 한 시간 전 삼십 분 전
빈집에서 기다리는 아이를 날갯죽지에 쏟아지는
한기를 부리에 물린 먹이를 아스팔트에
돋아난 붉은 향기를 빈칸에서 썩는 어금니를
악물며 더듬는다 행복한 주말이 미끄러지고
툭 터진 점퍼 밖으로 꼬리 내밀어
목련이 진다, 비명처럼 귀를 갉는 소프라노
저 생의 나뭇가지와 이 생의 전깃줄 사이
빈 오선지를 가로질러 새들이 난다
몇 년을 지나야 희미해질 음표는 고스란히
검은 벽화로 인화되고 도로 한복판에 누운 그는

얼마나 춥고 딱딱할지 혀 차는 소리 쌓이는데
귀가 보이지 않는다 동아줄 토막 내는 제동소리
숨가빴던 지난밤 꿈에

블루스 데이즈

들창이 떤다 연탄난로 주위에 둘러앉아 아이들 엄마를 기다리는 밤 뜨개질하는 맏이는 고요한데 덜컹덜컹 보리차가 끓는다 붉은 눈을 가진 오른팔이 불쑥 자란다 졸음겨운 오두막 바깥은 위험한데, 얘들아 쉿!

이리 떼가 나올라

머릿수건 두르고 보리 향기 보글거리는 오두막을 엿본다 성근 터럭마다 오밀조밀 떡가루를 뿌린다 뽀얀 수증기는 노련한 염탐꾼이다 뭉게뭉게 피어오르는 먹음직한 아이들 막 형태를 갖추기 시작한 허벅지가 보송보송하다 아까부터 이고 온 떡 바구니 때문에 허리가 저리다 쌓인 눈 때문에 선명해진 발자국도 문제다 맘 급하게 문 두드린다 벌써부터 입 비리다 누구세요 사랑스런 너희들의 엄마란다 하루 종일 장에서 떨다 보니 삭신이 부르텄구나 우리 엄마 목소린 꾀꼬리 같은 걸요 고기 없이 찬바람 부대끼며 떡 팔다 보니 목이 부었구나 우리 엄만 날씬하고 가느다란 허리를 가졌어요 정말 누구세요 긴 겨울이 원치 않는 뱃살을 많이도 붙였구나 맞아요 때로는 군살도 맛있을 수 있죠 사실 우리 엄만 배고팠던 옛날에 깔끔하게 먹어치웠지만요 얘들아 또 엄마란다 먼 장에서 늦어서야 돌아오셨구나 서둘러 저녁은 마련된다 식탁 가득 맛있는 저녁 우르르 달려들어 이리를 물어뜯는 아이들 흐뭇한 맏이가 여유롭게 몸통을 뜰 때 거칠게 폐경기 여자를 뱉어내는 오두막 체할라 꼭꼭 씹어야지 물컹물컹한 살코기는 질기겠지만, 얘들아 쉿!

엄마들이 또 나타날지 몰라

개나리 노란 꽃그늘 아래

솜털 하얀 눈빛들이 떠다닌다 떠돌지 않는 것들은 등줄기가 딱딱하다 각하께서는 교육은 백년지…, 대개는 별 상관없이 아무도 이해하지 않는 운동장 의미 없는 소음이 쌓여 녹다가는 얼었다 해체된 아이들을 조립하기 위해서 조회 시간은 시종일관 엄숙했다 분해 조립을 훈화하는 스승의 은혜가 녹물처럼 흘러내렸다 개나리를 꺾어 오렴 흙먼지 들이마신 수돗가는 곪아터진 빗물투성이에요 저항 없이 흩어지는 벚꽃처럼 여선생은 깔깔거리다 개나리색 명찰을 쥐어뜯었다 개나리 좁은 이파리에 기대 아이들 손톱이 잦아들기를 기다렸다 구름은 여전히 저편을 맴돌았다 갈라진 꽃잎 언저리 빛나는 금니가 하나 늘었을 때 제일 곱상한 웃음을 가진 녀석의 눈두덩에 주먹을 먹이고 물가로 내달았다 참을성 없는 물가는 너무 멀어서 고기 떼는 종일 수면 가까이 나타나지 않았다 구름을 거슬러 실지렁이들 승천하고 있었다 바지를 흠뻑 적신 오후 내내 앞을 가늠할 수 없는 정적이 깨질까 무서웠다 발가락 파먹으며 거리를 좁혀오는 복도에서 만난 건 회오리바람 개나리를 꺾어 오렴 네모반듯한 침묵을 위해 손수건은 똑바로 명찰은 깔끔하게, 학교종이 땡땡땡 종아리를 갈기는 벚꽃처럼 풍금소리는 교실로 날아가고 선생님이 우리를 내쫓으신 교실 바깥 무릎 꿇은, 그늘마다 하얀 솜털이 엉겨붙었다 흐르는 코피를 옷핀으로 단단히 동여매고 손가락을 꺾었다 하루하루가 거치적거리는 그림자였다 멀리 황야로 사라지는 포니 매끈한 뒤태와 얼얼한 볼 사이 공통점을 뒤적일 때 반쯤 튿어진 명찰에서 저녁이 움트고 있었다 멍든 발자국을 소화하기도 전 꽃망울 닫아거는 소사의 재채기가 오랫동안 덜컹거렸다

재개발지역

한때 카스모가 살았다는 이곳에는 지금 귀신이 산다네 집채만 한 발자국 화석 가장자리 탄화미 검붉은 잔해들 미처 썩지 못한 어금니에서 채취한 초식공룡의 DNA에는 문턱을 넘어설 때 잡아먹힌 세월이 나사처럼 꼬여 있지 두개골 근처 폐기된 지붕을 깔고 티라노가 모로 누운 뒤 무너진 집터에는 투명한 냉기 떠도는데 귀 멀고 눈 먼 햇빛, 낯선 어스름 가장자리 웅크려 웃네

* 카스모사우르스는 백악기 후기의 초식공룡이고, 티라노사우르스는 그 당시 지구를 지배하던 육식공룡이다. 티라노사우르스가 청소부라는 설도 있지만 햇빛의 축복을 더 많이 누렸음은 분명하다.

11월

햄버거 물고 신이 난 사람들 유유자적 지나가는, 핫도그 핥으며 즐거운 사람들 흥얼흥얼 건들거리는, 길가에 앉아 마주보는 얼굴마다 케첩과 버거 소스 흥겹게 반짝이는, 이태리제 명품 솔 하늘거리는 쇼윈도는 희희낙락, 벌건 잇몸마다 번득이는 비계 무럭무럭 번식하는, 도톰해서 탐스러운 오후 덩실덩실 출렁이는, 천사의 땅을 덥석 베어 문 은행원들 부쩍 얇아진 햇살을 매수하는, 매수된 햇살 사이 몇 남지 않은 반지갑들 차갑게 식어 실려 나가는, 환상적으로 쇼핑백을 적재하고 성공적으로 가라앉는, 캐슬과 팰리스 사이 황금빛 지하에서 으릉 으르릉 떼 지어 볼보 튀어나오는, 경적을 터뜨리며 검붉은 와인 폭죽처럼 쏟아지는, 새하얀 접시 위로 나이프 천사처럼 날아다니는

시청 주차장으로 밀려난 자장면 그릇
몇 달째 수거되지 않는

결빙기

건설회사의 부도로 몇 년째 공사는 중단되었다 녹물 흐르는 콘크리트와 철골 앙상한 건물은 밖에서 보면 일견 흉터 낭자한 피라밋을 닮았고 붉은 냄새를 헤집고 안으로 안으로 들어가면 출구를 찾기 어려운 미로를 만들었다 그 길은 날 푸른 상징과 은유가 은밀하게 집결한 모의장소 오리무중인 도굴꾼을 찾아 어둠은 늘 바빴다 한가한 이들이 경쟁자를 제치고 먼저 문턱 없는 철문을 넘어갔다 그들의 시신이 지하실에서 껍질 벗겨진 모습으로 발견되기까지 행방은 알려지지 않았다 깊숙한 막장에 이르는 철제계단 인근 결빙구간을 간과했으리라 짐작했을 뿐 담장이 낮을수록 길 찾기 수월하다 여기는 이들은 경험칙을 무시할 필요가 있었다 도처에 음모를 숨긴 철근과 발목을 잡아채는 습기가 꼬리 긴 짐승들을 양산하는 까닭이다 술래를 피해 한 아이 불시착한 달팽이관 뒤로 소문 없이 닫히는 철문을 몰래 엿본 적 있다 아이는 세계에서 실종되었고 현상금 내건 한참 후 샛노란 귀지 털며 아이가 로비에 나타났을 때 술래는 기겁했다 결빙기에 들어선 목이 눈부시게 투명했기 때문이다 짐승들이 어떻게 아이를 냉동시켰는지 두 갈래

혀가 만드는 한기가 술래마저 꽁꽁 얼렸다 모든 도로는 통제되었고 표피를 적신 녹물이 붉은 건물로 들어가는 모든 소리를 잠식해 버렸다

눈물을 자르다

울음이 흐르네

면도날 든 아이는 하늘을 긋고 껍질 갈라진 하늘에서 떨어지는, 바지를 찢는데 찢어진 바지를 벗는데 하혈하는 아이가 옥상을 기워 입는데 구조대는 도착하고 빨랫줄 흔들리는 사이 정적이 흐르네 먼저 동굴을 떠난 것이 죄가 아니듯 먼저 동굴로 돌아가는 것도 죄가 될 수 없어 아이는 눅눅해진 정오를 벗는데 아이가 아이를 벗는데 아이가 하늘을 벗는데 잠깐 울음 멎고 옥상 근처로는 다가가지 않는 노을, 붕어가 도로를 가득 메우고 붕어는 줄지 않고 하늘에 둘러싸인 어항을 집요하게 좇는 이동식 위성 카메라, 울음은 붕어를 먹이지만 붕어는 울음에 관여하지 않고 하늘과 공모한 지킬박사는 불순해서 어항을 오염시키고 움직임 잦아든 구름을 빼끔거리는 빛을 깔끔하게 도려내는

여자아이의 배에서 노을 쏟아지고 클라이막스에 이르러 순간 낮아지는 하늘, 쨍, 하늘 건너 솟구치는 어항, 파편처럼, 느릿느릿 유영하는, 여자

흘러넘친 울음이 아이를 덮치네

면도날을 주워 든 구조대가 울음을 걷고 깨진 하이드의 살점을 줍는다 아이와 아이가 나란히 들것에 눕혀진다 하혈은 멎지 않는다

엄마, 이제야 울음을 떼어냈어요
참 고마운 칼이어요
동굴이 얼마나 아늑하고 따뜻한지 이제 알겠니?
그럼요, 정말 고마운 칼인 걸요

복수는 나의 것*

벤 예후다 거리를 따라 물, 흐르듯 미끄러져요 내 나이 열일곱 라파 국경을 넘어 엄마는 무화과를 줍지요 하늘은 눈부시게 푸른데 총명한 구름은 태양을 가리지요 내 가늘고 절름거리는 다리에서 아름다운 올리브는 자라나지요 무지갯빛 차양에 살포시 안기면 키파를 눌러쓴 남자, 거친 땀내를 밀어붙이구요 구레나룻 아래로 추락하는 한기가 구두코 가득 가라앉은 먼지를 순간 일깨우지요 교육은 단 세 달 코스였어요 담금질한 뱃살이 든든했지만요 젖가슴 부풀기 시작한 게 어둠을 숨기기에 아주 좋았는데요 쪼그려 앉은 엄마는 벌써 무화과가 되고 있구요 등에 업힌 동생은 또박또박 화약 냄새를 기록하고 있구요 내가 두려워 떨던 옛날처럼요 세포마다 자세히 새겨두고 있구요 천막 밖으로 쫓겨난 열일곱 무장한 그늘은 C-4 폭약의 초침처럼 재깍재깍, 국경은 빈틈없이 봉쇄되구요 정오의 사이렌이 사내의 키파 위로 소복하게 울려 퍼지면 내 나이 열일곱 어둠을 잡아끌지요 오븐은 찌그러져 나뒹굴지요 천막을 사이에 두고 엄마는 캄캄해지지요 젖가슴에서 천천히 바람은 빠지지요 훈풍 따라 너울너울 날아갈 수도 있었지만

요 벤 예후다 총명한 거리에는 더 영악한 구름, 한껏 태양을 가리고 있는 걸요

* 박찬욱 감독의 영화 〈복수는 나의 것〉(2002년 작) 제목 차용

장마 이후

또 어떤 생이 잠들어 노을이 진다
붉은 빛에 기대어 나는 깨어나
임산부의 배처럼 부푼 저녁 속으로 걸어간다
연이은 출산
물방울이 낳은 검은 아이들이
웅덩이를 닫고 제방의 주둥이를 메우고
웃자란 터럭을 매끈하게 깎아낸다
독버섯처럼 먹구름 다시 자라겠지만
빗물을 깨끗이 털어낸 아이들은
좁은 관 속에서 무럭무럭 잠을 키운다
김 서린 관을 닦을 때
합장合葬하듯 별은 지는데
배불리 별을 먹고 관 밖을 나서는
잠,
빳빳하던 이승은
나비가 앉고 뜨기를 반복해서야 비로소
붉게 누워 얌전해진다

제4부

미아리로 간 드라큘라

철사줄로 꽁꽁 묶인 두 발을 이해하지 못하고
하룻밤을 달라고 떼썼다 그래서
겉옷 버리고 어둠의 입술 찾아 나섰지
날아오른 새는 다시 지상으로 돌아오지만
먹이를 찾기에는 턱없이 부족한
낮의 자비
부리는 어디 두고 빈손이니
부항단지처럼 밀착된 빨판으로 그대의 피
달아나잖아 철사줄로 꽁꽁 묶인 두 발 풀어
삐걱거리는 밤으로 가자 중독성 강한 낮의 향기는
라텍스 주머니에 밀봉하고 오래오래 피 뽑아줄게
오래오래 단 하루를 살게

연꽃 근처

그 밤이었을 거예요 언제나 왼편 어디쯤 서성이는 우리는 연등 하나 밝힐 수 없었는데요 소나기처럼 쏟아지는 무슨 말인가 목쉰 소리를 알아듣지 못하고 눈물만 요란했는데요 초파일은 지난 지 오래 가난한 길손 대신 손등을 드는 밤, 추녀에 매달린 왼쪽 날개가 상하고서는 못 속에 엉킨 실타래를 풀 수 없었겠지요 흙먼지 휘감듯 멱살을 잡는 산길의 반란으로 의지할 먼 불빛도 없이 돌아온 장터, 막차는 벌써 우리를 등졌던데요 그 날처럼 내리는 비를 맞으며 술 취한 아버지는 비틀거리고요 바람의 화법을 채 익히지 못한 비구는 늙어 헛바퀴만 밟아대고요 팔십년엔가 지어졌다는 다리 밑에서 부쩍 해쓱해진, 연꽃 그 참담한 경계, 이백 미터를 넘어가면 다리도 끊기는데 석회더미를 뒤집어 쓴 그 날 밤처럼 연꽃은 알 듯 모를 듯 새하얀 미소만 허, 날리는데요 닿지 않는 거리를 두고 숭숭 씨앗만 날아드는 왼편의 물은 허허벌판 등 시린 겨울인데요

그날 돈사에는 무슨 일이 있었나

묶인 암퇘지 발굽 사이에는 가고 싶은 나라
영면으로 가는 정밀한 실측 지도가 그려져 있었네
위도나 경도는 표시되지 않았지만
나침반처럼 철창이 방위와 좌표를 콕콕 되새겨 주었네
아무도 몰랐으리
새끼들에게 젖을 물릴 때
새끼들 입에 닿은 젖꼭지는 실은 구차한 삶
유전하는 절망의 표본이었던 것을
침묵을 가장한 밤을 밟아서 오함마 모양을 한
사신이 들이닥쳤네

오, 그 날의 행복함이란!

허공에 성냥을 긋고

들어와요 샌드맨

버스는 북풍을 뱉었다 삼키며 진군하는군요 도열한 음표는 입김 스칠 때마다 자지러지네요 들어와요 샌드맨 스틱은 분지르지 말아요 가시로 채우지도 말아요 벽이 허물어질지 남은 잠이 꽁꽁 얼어붙을지 폭동은 정말 아름다운 선율이죠 망치를 휘두르면 우아하게 금가는 허공, 지금 낯뜨겁게 한낮을 찾아가는 건 아니죠 눈 시린 빛 찾아 나선 것도 아니죠 손 담그지 말아요 마이다스, 금테 두른 손목을 자르고 말 테니까!

불똥 튈지도 몰라 성큼성큼 나아가는 버스는, 거침없이 길을 뽑고 있어요

길은 허공에 뜬 성냥불일까요 이 길의 끝 버스는 비로소 산산이 재가 되고 길마저 가라앉아 벽은 허물어질까요 트랙과 트랙 사이 살 오른 잡음이 분홍빛 폭약을 만들어요 나는 불 지핀다네 발갛게 달아오른 분노가 된다네 어서 와

요 샌드맨 어둠은 아직 주름지지 않았어요 어제처럼 시트는 반듯하군요

노란 학원버스가 나비를 풀어놓고 황급히 달아난다
날개 다친 나비 한 마리
잘 마른 아이의 가지에 내려앉는다
우묵한 밑동에 불씨 튀고 몰려오는 레미콘
시멘트에 묻혀 아이는 어둠이 된다
파닥거리는 나비 참 많은 동상凍傷 사이 나란히
어둠으로 자른 마이다스의 손목을 들고

힘치게, 들어가요 샌드맨

개보다 더 개 같은

도무지 종잡을 수 없는 눈빛이 두려웠다
미세한 기척으로 피아를 가려내는 신중한 오감이
늘 무서웠다 맹목적인 밧줄이 먼저 중력을
실험한다 중력가속도에 비례해 수직 상승하는
충격, 순간 부러진 목뼈를 지지대 삼아
고무장갑처럼 육중하게 숨통을 조이는 허공
올가미에 묶여 숱하게 교살 당한 선조들을
비틀걸음과 체념을 강요하는 유전자를
개는 원망했을지 모른다 가는귀먹은 내게는
축 늘어진 흐느낌보다 출렁출렁한 꼬리와
활활 타오르는 전의로 맹렬히 추락하는 생똥이
천둥이었다 악연을 곰삭히듯 털을 태운다
목줄 풀린 노린내는 너무 멀어 힘없는 하늘
좁고 긴 통로로 흘러간다 난간에 매달려 식어 가는 생을
핥아대는 혀끝, 희미하게 영사되는 푸른 언덕에
노래도 울음도 아닌 개가 표정 없이 도착할 즈음
깊은 강 이편 줄줄이 피어난 오줌꽃에 데어
샛노랗게 땡볕은 익고 바람은 거듭 몸을 뒤튼다

찌그러진 양은솥에서 무덤처럼 물이 끓는다
그을린 영혼 모락모락 승천하는 공중을 향해
날름날름 먹이의 신선도를 헤아리는 불길
지금은 저 뜨건 오줌발에 얼음장 같은 목숨
녹여야 한다 그 독한 해동을 위해 살점을 씹는다
개는 물어뜯기고 나는 살고 이빨 사이 검은 빛
벌레처럼 꿈틀거린다 개보다 더 개 같은 지린내가
몸 안 가득 진동한다

밤 여덟 시, 사랑은 종영되었다

꽃병 밖으로 달아난 이 시간은 조만간 얼어붙을 거야 네 그림자를 쫓아 꽃술은 흔적 없이 증발했다네 길에서 헤어진 구름은 산에서 다시 만날지 내가 우는 건 젖은 꽃잎에 적어 둔 사연 탓일지 예측 불가능한 일기는 슬픔을 만들고 실타래 한 끝을 쥔 너는 산모퉁이 숨어 저물고 술래는 울음 그치질 못하네 커튼 안팎에서 실종된 너의 빈자리, 발자국 삐걱거리는 템포로 문은 닫히는데

새로운 이름을 위하여 꽃은 피고 의지와는 무관하게 꽃은 지네
알 수 없는 향기가 괘종시계를 휘감아 날아오르네
너의 심장에 꽂혀 부르르 떠는
눈꺼풀

거침없이 웃자란 얼음들
줄지어 늘어선 협곡은 곧 가라앉으리

우리, 흔적 없이 얼어야 하지 당신이 돌연 떠오를지 모르

지만 시계추는 멎고 동시에 집은

꽃잎처럼 사뿐히 무너질지 모르지만

달빛에 돋은 사마귀

삼분지 이는 캄캄한 분화구 바깥, 상전을 모시듯 암스트롱이 사뿐히 착륙했을 때 사마귀가 돋았어요 하필 씨 없는 것이 얼굴에 터 잡는 바람에 그해 가을은 흉년이었지요 저거 냄새나 많지 거름으로나 쓸까 몰라 혀 차는 소리 펑펑 내리던 날 시린 손으로 장지문 열면 세상은 눈부신 달빛, 피가 통하는 길목마다 과부하는 빈번했어요 물구나무는 너무 낯설고 근거리에서 혀를 날름대는 일산화탄소가 담 너머 이상한 달나라로 유혹하곤 했지요 닿지 않는 것들에 대한 소망이 콕콕 물집을 찔러 터뜨렸어요 복음은 없었어요 악취에 포박되지 않으려는 듯 의사는 차트에 집착했어요 분화구 주변 바스락거리던 그늘의 정체가 점차 분명해졌어요 그 중 덩치 큰 놈 겨드랑이에 숨으면 편안했어요 꼭꼭 문 걸어 잠그면 냄새도 새지 않았어요 냄새는 내 존재의 근거, 희끗희끗 목도리를 휘감은 달빛이 물컹한 살덩이를 안았어요 이 겨울이 흔적 없이 녹아 버렸으면, 어느 봄날 볕 좋은 오후 껍질을 터뜨리며 돋아날 털실 한 타래 사마귀로 한 코 한 코 뜬 악취를 퍼덕여 분화구 꼭대기까지 올라갈 거예요 다락방에 팽개친 허물까지 싸들고 두둥

실 마녀의 빗자루가 니트의 계곡으로 손잡아 이끌겠지요 허파 깊이 파고드는 니트의 마력, 진물이 증발하는 공중 골방에는 달빛이 소복소복 쌓일 거여요 천형을 낚은 달빛이 악몽을 간질이며 하늘거려요 모가지 잘릴 때까지 성실하게 하늘거려요 단두대 위로 하늘거려요 길 잃은 들쥐처럼 멀리 암스트롱 한 마리, 삼분지 이는 캄캄한 악몽의 마을로 하늘하늘 들어서구요

봄날은 간다

벚나무 터널 푸른 오후 속으로 한 가족이 걸어간다
새치가 돋아나기 시작하는 봄날, 남자는 햇무리 건너편
에서
아이의 손을 흔든다 산책로를 가로지른 바람이 그 여자
귀밑머리를 만질 때마다 가늘게 웃음이 샌다
물기 맺힌 웃음 언저리 막 시들기 시작한 꽃향기가
희끗희끗 버캐를 만든다 눈가에 머문 구름에 언뜻
푸른빛이 감돌 때 그 남자 머리칼이 찰랑거린다
추억에 빠져 휘청이는 걸음을 몽상이라 부르는 남자
나뭇잎보다 가지가 어둡고 침침하다고 믿는 남자는
아이의 미래가 껍질에서 먼 거리에 떠 있기를 바란다
가지마다 구름처럼 등이 걸린다 신기한 듯 아이는
열심히 꽃을 담는다 아빠를 바라보던 눈동자가
날아오른다 엄마 품에 안겨서 파릇파릇 날아가는
아이들, 방향을 가리지 않는 비행은 봄날보다 불안한데
봄꽃축제를 통과하는 긴 행렬 어두워지는 터널 입구
차가운 빛 들이친다 꽃망울 흔들며 쉼 없이 들이친다

그 애벌레는 오늘 살아있을까

전선 사이로 시체가 떠다닌다
어제는 호랑나비가 죽었다
담 너머 무성한 꽃잎들의 야유
먼 무덤이 방범창을 잠근다
귀를 막아도 그릇을 헤집는 바람
두꺼비집에 걸어둔 거미줄을 끊어서
불은 꺼진다 눈 풀린 거미가
대롱대롱 바람 쪽으로 기운다
피를 빨지 않았어요 나는
길이 너무 가늘었던 것뿐이에요
바닥에 떨어진 꽃잎은 네 것이 아냐
상하기 쉬운 야유를 뱉어내고
오늘, 바람이 배설한 구석 자리로
심지 짧은 꽃잎들 우르르 몰려간다
전선에서 파닥이는 나방을 외면하던 내일
좁은 길 한복판으로 애벌레 한 마리
성큼성큼 기어갔는데

킬링필드

1

이 유일한 기사는 무엇을 말해줄까요? 미국 폭격기가 나쁜 마을을 치고 있습니다. 정부의 마을입니다. 잔인무도한 폭격이었습니다.*

2

점퍼는 맨발을 가리지 못한다 파안대소하는 얼굴 아래로 엄지발가락, 꼬리 잘린 이메일을 구기며 꿈틀거린다 여분의 기운이 몸밖으로 탈출해 계단을 뛰어오른다 유체이탈은 가까운 곳에서 찾아오는 달갑지 않은 손님 음흉한 낌새를 낚아챌 시간은 지금 없다 급하게 먹은 급식이 역류하는 이웃은 계단에 엎드려 한사코 예를 올린다 종교는 모든 급체의 산물이다 효험 없는 부적은 가운만 더럽힌다 어제의 몰골과 오늘의 해골이 동일하다는 것은 이미 증명되었다

배꼽에 큼지막한 낭종을 매단 개가 발바닥을 핥는다 굶기는 마찬가지 입맛만 버리지는 않을까 개의 침샘은 유체이탈을 부추긴다 지구는 멈추지 않고 몽상마저 부질없는

동굴에서 오오 불러도 대답 없는 이름을 게운다 수저가 사라진 책임을 묻지 않겠어 제발 비상구 낡은 희망이나 소등할 수 있다면 계단을 밀어 천상의 풍경이나 엿볼 수 있다면 파안대소하는 얼굴을 빈틈없이 오려낼 수 있다면 독가스 살포하는 타이어를 뽑아 오늘은 알탕을 끓인다 **확실히 살리겠습니다** 아가미 속으로 플랑크톤을 주워 담으려 신문은 자꾸 파닥인다 축축한 회음부를 달랠 때 바싹 오그라든 식욕을 깔고 덮을 때 활자는 유용한 것 캄캄한 지느러미 곁에서 얼어죽을 용기를 되살리는 메시지들 파안과 대소 사이 응급실은 붐티나고 심장을 적출한 미이라는 붕대를 끊지 못한다 잉크 냄새 몽롱한 신문을 모아 모자란 꿈을 덮는다 마대 자루에 담긴 개가 동굴을 벗어나기 전 천국을 만난 곳이다 듬성듬성 남은 미열이 샅샅이 핥아가는 맨발 아래 **확실히**…

* 영화 〈킬링필드〉(1984년 작, 롤랑 조페 감독)의 프롤로그, 『촘스키, 세상의 권력을 말하다 2』(노암 촘스키, 시대의 창)에서 인용.

김천 가는 길

시사時祀는 내일
애가 타는 듯 돋보기안경을 연신 밀어 올리는 아버지
의치 같은 안경테에 물소리 한 두름
반짝거렸다, 겨우겨우 시멘트를 잉태한
고목 밑동에 깔린 조선시대나
그보다 먼 과거 어디쯤
발 시린 물길을 우리는 걷고 있었다
종아리를 핥다 저만치 똬리를 틀고 도사린 물살
동상 걸린 발등으로 옛 추억은 남김없이 빠져나가고
일제 말 급병으로 세상을 떠난 할아버지
할아버지의 할아버지는
땅과의 투쟁에 여념 없었으리라
인내를 풀풀 풍기는 족보를 넘기면
눈을 후벼낼 듯 밀려오는 죽창의 무리들
그 많은 활자의 숲 어딘가
아직도 탯줄을 채 끊지 못한 갓난아이가
꼬물거리고 있다
탈태도 먼 애벌레 같은 털북숭이 사내 하나

변성기를 지나 지금은 청년의 시절일까
찡그린 얼굴로 걸어 나오는 윤회의 탱화처럼
푸름은 늙어 희끗희끗 재만 남은 민둥겨울산 어구
기차는 지치지도 않고 철길을 달려 이제 김천역
우리가 내려 시사를 모시러 가도
길이 끝나기까지 기차는
죽음을 무릅쓰고 달릴 것이다
밀서를 앞에 둔 특사처럼 아버지는 미간을 고치고
나는
흩어진 가계가 적힌 난수표의 한 쪽 끝
할아버지 듬성듬성한 수염이 하얗게 탈 때까지
명 질긴 불을 놓았다

천사 헤어숍

나, 머리 바꾸러 간다

가위 든 그녀가 천사인지 아닌지 헤어를 재배하는 숍인지 헤어를 판매하는 숍인지 알지 못해도 머리 자르러 왔어요 새하얀 가운을 늘어뜨린 그녀가 목덜미에 수건을 두른다 엿가락처럼 휘감기는 혓바닥, 뱀은 징그러워요 날 저문 비탈길 가득 또아리 트는 숨 막히는 습성을 발전하는 뱀은 무서워요 천둥처럼 저 가위질 소리 울린다 끝내는 머리 바꾸지 못할지도 몰라 브로치처럼 꽂고 다녀야 할지도 몰라 뭉텅뭉텅 무너지는 잡초들 이상한 나라에서 방출당한 앨리스는 이주비 협상도 하지 못한 채 떨고 있다 선택받은 어른들은 발바닥을 귀에 걸었다 그들은 햇살의 것 분할된 화면 한쪽 우리는 그림자의 것, 잘려나간 필름들이 까맣게 타들어간다 유년기처럼 미끈하게 밀어야겠네요 바리깡 쥔 손가락들이 조감도를 들이미는데

문패 낮은 절벽에서 누군가 뛰어내린다 비스듬해진 발목이 비로소 머리의 안부를 묻는다 머리 없는 그림자는 왜, 항상 투신을 하지?

그녀는 아마 솜씨 좋은 천사인지도 몰라

즐겁게 나,

머리 환전하러 간다

공룡시대

멱살 잡힌 개들 천진난만 끌려가는 초여름

긴 목줄이 풀리고

번개가 치네 밤길을 옥죄는 올가미, 매듭마다 한 움큼 노란 개털을 두른 밧줄이 난간을 타고 내려와 홀연 길 막아서는데 밥알처럼 끈적한 걸음 꼬여 숨 고르던 날에도 엉거주춤 밤을 안았어 침샘마다 긴 수로마다 비린내의 감수분열은 극심했네 지조 없는 식욕을 고르며 침 삼킨 나는 파이프 파이프

유턴 없는 꼬리처럼 밤새 파이프를 기었네

몽정을 하고 뻐근하게 깨어난

누군가의 위장에서 개는 분해되었고 개 짖는 소리

멀리서 향기로운데

모자이크를 걷고 숨죽인 하루는 어김없이 밝았네 브라운관을 넘어서는 불법 체류자들 우울한 잠자리와 졸음 가시지 않은 환호와 참 맑은 햇살의 힘겨루기로 러브체인 푸른 어깨가 흔들리는데 천장에 매달린 끈을 붙들고 아슬아슬 줄타기하는 외로운 촉수 사이로 간뇌 오그라드는 아침

번개가 치네

시트를 밀어내고

사이보그

철컥, 철컥, 빠져나가네

게임랜드

빛, 없는 곳에서 눈 뜨고 싶어
손바닥과 비린내로만
숨소리 확인할 수 있는 곳
몸 가까워질 때까지 바람을 퍼 나르는
나는 조용한 계근대
태어나자마자 고물이 된 너의 무게는
검푸른 골목 출렁이는 파랑을 향해
꼬챙이를 들지 눈을 찌르지
매끈한 기도는 접어두고 우리
함께 누워 하우스에 들까
바닥도 없이 고이는 조소를
향처럼 피워 올리며
믿음 없는 생각이 진실하나니
은쟁반 위의 카스테라처럼 짓무른
우리는 샴쌍둥이
어둠에 숨어 눈을 파낼까
주인 없는 에덴은 우리의 고향
뱀을 휘감고 즐겁게

빛, 없는 곳에서 눈 뜨고 싶어

□ 해설

서기 2013년의 하이퍼텍스트

이민호(시인, 문학평론가)

프루스트는 우리에게 자기의 작품을 읽지 말고
그 작품을 이용해서 우리 자신을 읽어보라고 충고한다.
— 질 들뢰즈

1. 묵시록/그로테스크 리얼리즘

시집을 펼치는 순간 책갈피에서 뿜어 나오는 강력한 빛이 눈부셨다. 잃어버린 성궤를 찾았던 사람들이 뚜껑을 열자마자 녹아 없어졌던 것을 떠올리게 한다. 이 시집을 읽은 사람들은 보지 말았어야 할 인간 종말의 낱낱을 목격하고 두 손으로 얼굴을 파묻었던 파티마의 어린 목동처럼 한동안 섬뜩한 공포에서 벗어나지 못할 것이다. 우리 모두는 밀란 쿤데라가 언급했던 '현대의 협력자' 혹은 종말을 이끈 당사자이기 때문이다. 우리는 '매스미디어의 소란에 환호하고, 광고를 보고 멍청한 미소를 흘리고 있으며, 때론 자연을 망각하고, 그것을 미덕으로까지 인정받는 천박한 사람들' 이다. 그럼에도 불구하고 시인이 햇빛 들지 않는 그늘 속에 들어부었던 슬픔의 힘은 우리 모두를 구원하고 있다.

마야문명이 예언했던 세상의 종말은 2012년 12월 23일이다. 일찍이 인류의 종말을 예언했다 실패한 노스트라다무스도 2012년을 다시금 거명했다는 예언서가 발견되었다고도 한다. 주역도, 티벳 승려도 하물며 미 항공우주국(NASA)까지도 지구변화에 대해 2012년을 적시하고 있다. 그러므로 2013년은 지구 종말 이후를 뜻한다. 그래서 들뢰즈와 가타리가 '천개의 고원' 에서 상정했던 역사적 기념비들처럼 이 시집은 그동안 박해받던 사람들에 대한 위로이며, 새로운 세계에 대한 약속이다.

묵시록이 상징을 통해 예언하듯 이 시집 또한 쉽게 접근할 수 없다. 언어와 사물이 서로 불일치를 보이고 있으며, 라캉이 말하듯 기의는 기표 밑으로 자꾸 미끄러지고 있다. 이미지와 이미지의 불편한 결합과 의미의 불확정성은 당황스럽다. 계속해서 반복되는 의미의 간극은 이 시집을 환타지로 유도하기 쉽다. 그러나 이 시집에 전면적으로 드러나고 있는 '그로테스크한 몸의 이미지' 와 '물질적이며 육체적인 하부 이미지' 는 경직된 우리의 사고와 관념을 깨뜨리는 리얼리즘이다. 시인의 뜻을 따르면, 우리 삶의 모습에서

'햇빛' 을 허물고, '그늘' 로 변주시키려는 민중적이며, 탈중심적인 형식이다.

그러면 어떻게 이 시집을 읽어야 하는가? 우선 "부분은 전체를 포함한다."는 논리가 귀에 솔깃하다. 그리고 프루스트가 '잃어버린 시간' 을 찾았던 마들렌의 소중한 경험이 떠오른다. 그러므로 전체를 통해 무엇을 얻어낼 생각은 말자. 이때부터 이 시집은 들뢰즈가 말했듯 "전체화할 수 없는 부분적인 조각들을 이웃시켜 공명의 효과를 생산해내는 기계이다." 그렇다면 이 시집기계에 합당한 이름은 '하이퍼텍스트' 가 아닌가?

이제 우리는 이 시집의 첫 페이지에서부터 마지막 문장의 마침표까지 시인이 정해 놓은 한 가지 순서로 시를 읽을 필요가 없다. 컴퓨터 모니터에서 마우스로 링크를 선택해서 꼬리에서 꼬리를 물고 정보를 읽어 나가듯 시를 읽는 것이다. 결국 이 시집은 읽는 사람에 따라 수천 수만 개의 텍스트로 변주될 것이다. 여기에 적는 것은 다만 한 가지 텍스트 읽기에 불과하다. 들뢰즈와 가타리의 선택을 따라 이 시집에서 '욕망하는 기계' 를 클릭 하고, 이어 '기관없는 신체' , 그리고 '탈주' 를 클릭했다.

2. 말랑말랑한 욕망

내가 나임을 인식하는 것은 어떤 방법으로 해야 하는가? 다시 말해 주체로서 내 스스로를 체험하는 계기를 어떻게 마련하는가? 사르트르는 다른 사람의 눈을 의식해 수줍음을 느낄 때 자신을 경험하였고, 레비나스는 고통 받는 사람들을 보고 책임감 속에서 스스로를 깨달았고, 라캉은 타자가 겪는 결핍 속에서 스스로를 체험하였다.

이정섭은 후각적 충동에 민감하다. 이 충동은 현실에서 채울 수 없는 어떤 것을 상징한다. 그러나 그가 이 세상에서 맡았던 냄새의 근원은 배설물이다. 인간이 쏟아낸 악취는 시인을 절망에 빠뜨리지만, 다른 한편으로 스스로를 체험하는 순간이기도 하다.

성(性)은 아름답지도 않으며 먹고 먹히는 경제논리처럼 돈으로 거래되고 있어 생생했던 살냄새는 불판 위에 올려진 고깃덩이처럼 탄내를 풍긴다(「달 달 무슨 달」). 경제불황 속 도시는 흉물스럽기 그지없다. 빈곤의 냄새를 가득 품고 있는 도시에서 우리는 출구를 찾을 수 없다(「결빙기」). 전쟁은 끊이지 않는다. 세상은 화약냄새가 진동하고 어린 아이들이 시한폭탄처럼 전쟁기계로 내몰리고 있다(「복수는 나의 것」). 후각을 통해 감지한 세상은 종말의 징후로 가득하다. 이처럼 서기 2012년 종말의 때는 무엇보다도 후각을 통해 감지되었다. 그러기에 시인은 자신의 존재 근거를 냄새에서 찾는다(「달빛에 돋은 사마귀」).

느티나무 아래 군청색 햇빛이 고여 있다 점점 묽어져 젖은 흙길을 푸르게 물들이는

느티나무를 가로질러 걸어가던 소년이 푸른빛에 녹아내리고

담장을 따라 하늘이 번진다 철책이 자란다 그 곁을 뛰어가는 소녀의 머리가 어두워진다

포로가 된 붉은 가방은 생살 사이에서 딱딱해지고 굳은 다섯 개의 방을 건너 변신하는

소녀의 몸에 금속성 냄새가 이식된다 부패하기 시작한다 머리가 줄어든다 사라진다 머리가 사라진 소녀가 소녀의 어깨에 팔을 두른다 눈보라처럼 비상구처럼

느티나무에는 군청색 토르소들 주렁주렁 머물고

그림자 밟은 햇빛은 독한 약품 냄새를 슬그머니 감추고 있다

—「햇빛의 냄새」 전문

종말의 후각적 징후는 "햇빛"에서 연유한다. 인류가 오랫

동안 향유했던 '태양을 숭상하는 문명' 은 비로소 쇠퇴기를 맞고 있는 것이다. 그동안 아이들을 길들였던 태양의 질서는 '딱딱하며, 굳은 것이며,' "금속성 냄새" 가 나는 것이다. 이 고정화된 틀에서 참으로 오랫동안 인류는 자유스런 변신을 억압당했고, 축소되고 축소되어 아예 자취 없이 사라지고 마는 운명을 반복했다. 그동안 태양이 조장했던 밝은 논리와 교술은 독한 방부제였을 따름이다. 태양을 추종하는 무리들은 모두 부패했다. 시인은 '그림자' 를 욕망하고 있다. 그를 존재케 하는 냄새는 태양의 발아래 신음하는 '어둠' 에 갇힌 대상들이다. 그것은 2013년 종말 이후에 펼쳐질 세계를 예감하게 한다.

이즈음 '욕망' 을 링크했다. 금방 들뢰즈와 가타리가 상정했던 '욕망' 으로 갈 수 있었다. 그들은 '욕망' 을 모든 것을 움직이는 기본적인 것이라 말한다. 그들은 욕망을 결핍이나 결여, 부정에서 비롯된 것으로 본 것이 아니라 능동적이고 긍정적인 힘으로 파악한다. 그래서 '욕망' 은 무엇인가를 생성하게 하고, 생산하게 하며, 창조한다. 다시금 이정섭이라는 '욕망하는 기계' 를 클릭한다.

> 꿈꾸는 동안 붕어빵은 황금으로 변하지 먼 훗날 황금은 돌아올 테지만 멀미하는 나는 일 없어 꼼짝없이 꿈에 갇혔네 그녀는 내게 마음 주지 않았어 [……] 꿈꾸는 동안 태양은 허가받은 만큼 녹아내리고 마취에서 깨어난 붕어는 뼈

없는 몸 흔들어 금가루를 뿌리네 빵냄새를 가꾸는 그녀가 나는 좋은데 내게 마음 주지 않았어 [……] 태양은 사뿐히 마법을 건너뛰었네 다리 아픈 그녀는 눈썹 긴 달빛에 이끌려 구석구석 검은 재를 채웠네 배신이 무르익는 동안 신나는 호루라기 식어버린 마법을 덤핑 판매하는 호루라기 소리, 붕어 떼는 연이어 태양계를 탈출하고 빵집은 영영 문 열리지 않았지 꼼짝없이 꿈에 갇힌 날들 불편한 나는 간절히, 알싸한 빵냄새를 꿈꾸는데

—「겨울에 살해당한 마법사 이야기」 부분

이 시에서 부패한 냄새를 풍기는 햇빛의 변주가 '황금 붕어빵' 임을 단박에 알아챌 수 있다. '황금 붕어빵' 에 집착하는 것은 '욕망' 이 아니다. 그것은 의식하는 순간에 금방 채울 수 있는 '식욕' 과 같은 것이다. '그녀' 에 대한 의식적 지향은 시인을 '꿈' 이라는 상징적 질서에 가두고 만다. 거기에 매개로 등장하는 것이 "햇빛의 냄새" 다. 그 냄새는 의식적인 것이며, 결핍을 모르는 우아스런 폭력이다. "꿈꾸는 동안" 즉, "햇빛의 냄새" 에 중독 돼 있는 동안, 우리는 마술사가 아니다. 다시 말해 마술이 갖는 놀라운 무의식적 자유를 상실하고 마는 것이다. '황금빛 향기' 에 삶의 생기와 자유를 정지당한 우리 자신을 떠올려 보라. 자본 논리에 쉽게 유혹 당해 그 황금빛 꿈에 갇혀 있는 동안 우리는 재가 되어 소멸했고, "호루라기" 소리를 들어야 한다. 그것은 종말을

예견하는 경종이다.

> 신선한 살코기에는 관심 없어 테라스에 앉아 아메리칸 스타일 커피를 마신다 [……] 누군가 썩는 일은 우리 행복에 대한 보증이니까 맘껏 미끄러져 춤춰야겠어 커피 향 가득 붉은 잇자국을 남긴 아지랑이는 살냄새를 흔들며 떠나네 [……] 손에 잡히지 않는 더운 김이 졸졸졸 살냄새를 따라가네. 저당 잡힌 신선한 근육에는 관심 없어 캠브리지 멤버스는 가까이 다가오질 않고 은근슬쩍 추방을 강요하는 오전 막바지
>
> 구겨진 작업복으로 무장한 막일꾼들이 횡단보도를 건너온다.
>
> 그만 달아나야겠어
>
> 신선한 건 도무지, 무서워 죽겠다니까.
>
> ―「Fresh Life Restaurant」 부분

비로소 시인을 존재하게 하는 냄새를 링크했다. "신선한 살코기" 냄새다. 황금빛 냄새에 길들여진 사람들이 두려워하는 냄새다. '햇빛' 영역 안에 속한 사람들. 다시 말해 '멤버' 들은 아지랑이와 같은 가벼움을 가장하고 있지만 모두 거품이다. 시인은 이 거품 속에 진동하는 것을 부패의 냄새라 풍자한다. 그리고 "손에 잡히지 않는 더운 김" 에 가져다 놓는다. 통상 우리는 그것을 행복이라 칭한다. 그 황금빛 알

싸한 냄새 틈을 비집고 저당 잡힌 냄새가 다가온다. 그것은 꿈속에 갇힌 의식화된 요원이 아니다. '구겨진' 자들이며, 추방당한 존재며, 횡단하는 타자들이다. 이처럼 시인이 욕망하는 냄새, 즉 '그늘의 냄새'는 신선한 것이다. 시인의 욕망은 '햇빛'처럼 딱딱하지 않다. 그늘처럼 '말랑말랑하다'. 죽음을 딛고 생명을 잉태할 그늘이다. 그가 욕망하는 그늘에 숨어 잠시 우리의 타자화 된 심신을 쉬어도 좋을 것 같다.

3. 햇빛기계를 부수고

이정섭의 욕망기계는 강력하다. 시인의 욕망은 사회의 고정적인 가치, 체계, 질서 등을 거부하며, 중심부의 획일적이고 억압적인 권력을 전복시키려 하고 있다. 시인이 저항하는 지배의 실체를 링크해 보자. 들뢰즈와 가타리는 '기관'이라 명명하고 있다. 기관이라는 기제는 우리 개개인의 자유로운 삶의 흐름을 방해하고, 사회가 다양한 모습으로 변화하는 것을 인정하지 않는다. 오직 획일화된 이데올로기 속에 가두고자 한다. 시인의 신체는 이 복종과 굴종의 체제를 해체하려는 욕망으로 가득 채워져 있다. 그것은 생성과 생산의 욕망이다.

르네가 태어났을 때 르네는 바람 르네는 향기 르네는 견

디기 힘든 유혹

[……]

르네가 늙었을 때 르네는 바카라 르네는 바다이야기 르네는 확신할 수 없는 펀드

바게트를 찬미할 시간이야 르네 엉덩이처럼 부풀어 오른 거품을 터뜨리자 묽게 번진 마스카라는 추억에 감금하자 복숭아꽃 벌건 춘화도 건너 자전축은 제자리걸음

무단횡단을 감행한 학생들 싱싱한 살코기를 냉동 보관하는, 모델하우스는 잊혀지고 다시 제로를 향해 미터기는 추락하고 무엇에든 관심 없는, 르네는 맛없는 비상식량

—「르네의 사생활 -공룡시대」 부분

서기 2012년은 공룡시대다. 이 시대가 멸종을 예고하고 있음을 어린 아이들이 먼저 알고 있다. 현대는 공룡시대다. "지루한 드라이브에 감염된" 시대다. 그러나 제자리걸음, 앞으로 나갈 수 없는 덩치를 갖고 "무단횡단을 감행한 학생들 싱싱한" 고기를 가두는 모델하우스 같은 시대다. 르네는 그 생활에서 몸의 자유를 획득하는 상징으로 기표화 되지만, 그것은 공룡의 다른 모습이다. 어린 시절 르네는 욕망의

대상이었지만 늙은 르네는 공룡시대의 기표로서, 그 흉물스런 종말의 기표를 함축하고 있다. "르네가 늙었을 때 르네는 바카라 르네는 바다이야기 르네는 확신할 수 없는 펀드"로서 시인을 자본으로부터 소외시키고 있다.

그러므로 '공룡' 이라는 거대한 기관 속에 갇힌 현대인들은 산업사회의 대량생산되는 가치 체계 속에서 꼭두각시 '인형' 처럼 무기력하다. 아무런 대처 능력이 없다(「공룡은 인형을 좋아해」). 생명을 죽이는 이기적인 욕망들은 자본주의적 환각(커튼피그트리)과 폐쇄적 신앙의 결합을 통해 기관 없는 신체(아기)를 죽음으로 이끈다(「이기적인 유전자들」). 현대인의 삶은 노예선(아미스타드)에 실려가는 노예와 같다. 햇빛 아래 "약시" 로 살아야 하기 때문에 현실을 제대로 파악할 수 없다. "생각" 이 없다는 것과 일치한다(「아미스타드」). 이는 모두 공룡시대의 일이다. 산모의 평화가 아이의 죽음을 통해 이루어지듯, "아무도 책임지지 않는 나날" 을 시인은 산 것이다. 의사도 간호사도 책임지지 않는 현실처럼 아이의 현기증은 시인이 겪는 삶의 소용돌이다. '귀신' 이 달라붙는 죽음과 같은 현실이다.(「병원놀이」)

그 앞에 서서 아이는 말이 없었네

십여 미터나 되는 단단한 어금니가 날이 선 듯 번쩍거렸네 녹슨 철제 난간 너머 아이가 물고 다니던 꿈이 굴러다닐지 어망처럼 꼬인 격자무늬가 입술을 달싹였지만 아이는

고개를 가로저었네 지붕 위를 보고 싶은 아이들은 천천히 벽을 타고 있었네

[……]

물은 아이의 속도보다 빠르게 차오르고, 옹벽은 완강하게 물을 껴안고, 아이는 물에 잠기고, 그 앞에 누워 저녁놀 말이 없었네

어디선가 젖은 연탄 말리는 연기
모락모락 피어올랐네

—「어디선가, 아이 말리는 연기」 부분

급기야 시인은 기괴하고 참을 수 없는 증오를 우리로 하여금 링크시키게 한다. '아이' 는 '기관 없는 신체' 다. '십여 미터나 되는 단단한 어금니' 를 하고 '공룡' 이라는 기관이 '벽' 으로 변신하여 아이 앞에 서 있다. 넘을 테면 넘어보라는 식이다. 그럼에도 불구하고 아이는 그 벽을 넘어서려 한다. 길들여지지 않았기 때문이다. 하지만, 종말의 때에 모든 선한 자들을 죽여 없애듯 '기관 없는 신체' 를 참혹하게 해체한다. 저 '젖은 연탄 연기' 는 주검 앞에 피어오르는 향불처럼 침묵하며 밀려온다.

공룡시대 아이들은 때로는 최면에 걸린 듯 총을 들고 전쟁터로 나가 그저 대상도 없이 무기력하게 총질을 한다(「천국의 아이들」). 때로는 실종되고 만다. 세상을 잘못 읽은 아

이들은 기화해 버리고, 세상은 공장처럼 아이들을 생산하고 있다(「실종사건 전문탐정의 수첩」). 분해 조립되어 순치된 아이들만 세상에 남는다(「개나리 노란 꽃그늘 아래」).

6

햇살 한 줌 들지 않아도 노래는 있다
봄 물어오는 여치 계단을 스치는 가을에는 귀뚜라미
원활한 호흡을 걱정하는 환풍기까지
뱃가죽부터 켜켜이 먼지 쌓여도
알몸으로 골고다를 오르던 사나이처럼 가만히
어둠 안을 때 어둠보다 빨리 안기는 어둠
동굴에 사는 모든 벌레가 자유로운 것은
소리를 만지는 안목을 가져서다
가느다란 늑골 사이로 퍼지는 선율이
동틀 무렵 고단하게 뒤척이는 어둠을 부축해
지하 깊은 곳으로 대피하는 아량도
어둠의 상처를 알아듣는 더듬이 때문이다

9

지구의 자전이 밤낮을 만드는 게 아니다
알량한 태양의 양심이 지하를 기웃거리는 잠깐
불온하게 우리 꿈꾸는 것일 뿐

— 「지하로 가는 길」 부분

마침내 시인은 '공룡기관'을 키운 '햇살'을 부수고 지하로 향한다. 서기 2012년의 11월이다(종말은 그 해 12월에 예정돼 있다). 종말을 예감한 것이다. 그곳에 거주하는 사람들은 '알몸' 상태다. 그것은 어둠이 주는 혜택이다. 햇빛 아래서 행했던 분별과 시기와 분리와 배제를 거부하고 서로의 상처를 더듬는 어둠의 축제다. '양심'은 알량한 것이다. 이 시시하고 하찮은 기관의 시혜를 거부하는 것을 시인은 '불온하다' 한다. 그래서 우리도 '불온'을 클릭한다. 여지없이 김수영에게 링크된다. 김수영은 정치권력의 검열에 순치된 문학예술행위를 거부한다. 이정섭이 간파한 햇빛의 냄새에 중독된 행위다. 김수영은 그 알량한 양심으로부터 벗어나기 위해 '불온'을 유포한다. 그것은 전위적 행위다. 이 전위적 행위는 과거와의 단절을 통해 이루어지는 것이기 때문에 그 실험성으로 해서 불온할 수밖에 없다. 이정섭 시인도 그것을 꿈꾸는 것이다. 일체의 권력적 헤게모니로부터 자유로운 유목인이 되려는 것이다. 그리고 그가 가버린 지하의 세계로 함께 가기위해 또 클릭!

4. 그늘을 향해 탈주

다시 들뢰즈와 가타리에게 왔다. 그들은 말한다. 탈주는 현실도피가 아니라 현실을 변화시키려는 창조적인 생성행위라고. 기관화된 사회로부터 탈주함으로써 새로운 사고와 가치를 생산해 그동안 불온시하고 부정되었던 인간 존재의 차이와 복수성을 긍정하는 것이라고. 그래서 경직된 사회를 보다 유연하게 만드는 것이라고. 다시 말해 이정섭이 포착한 말랑말랑한 관계이며, 어둠이 감싸 안은 안온한 세계이다. 이제 서기 2013년 종말 이후, 이정섭이 탈주한 세계로 가야겠다.

물방울이 낳은 검은 아이들이
웅덩이를 닫고 제방의 주둥이를 메우고
웃자란 터럭을 매끈하게 깎아낸다
독버섯처럼 먹구름 다시 자라겠지만
빗물을 깨끗이 털어낸 아이들은
좁은 관 속에서 무럭무럭 잠을 키운다
김 서린 관을 닦을 때
합장合葬하듯 별은 지는데
배불리 별을 먹고 관 밖을 나서는
잠,
빳빳하던 이승은
나비가 앉고 뜨기를 반복해서야 비로소
붉게 누워 얌전해진다

—「장마 이후」 부분

대홍수 이후 지상의 모든 살아있는 것들은 전멸하고 다시 시작하는 세상과 만났던 신화 속 인물처럼 이정섭은 담담하게 새로 펼쳐진 세상을 보여준다. 그 세상은 '빳빳하던 이승'과 대비되는 곳이다. 햇빛기계 아래 경직된 곳이 아니라 신체 없는 관 속의 아이처럼 얌전한 세계다. 그러므로 우리는 죽음을 통과한, 새로운 탄생이 거듭되는 놀라운 생성의 신비를 목격하게 된다. 기관없는 신체, 그 아이들은 과거 순백색의 태양의 아이들이 아니다. "검은 아이들"이다. 시인이 탈주하여 재영토화한 세계가 얼마나 다른 세계인지 짐작할 수 있다. 그 곳은 동물적 생존만을 의식하여 "밥과 안부로 포장"된 삶을 부끄러워하는 회색지대다(「회색을 말하다」). 그동안 '효율성'만 따지는 자본의 분별 때문에 소외되었던 사실을 망각해 버린 무의식의 세계다. 그곳에서 시인은 '주인을 삼킬 수 있는' 야성을 깨우며 순치될 수 없는 욕망에 대해 이야기한다(「순한 양」). 그것은 움직이는 식물이 움직이지 않는 동물을 삼켜버리는 기존 체계의 전복이다. 그 곳의 출입은 "매일 열려 있으나 매일 닫히는 문"을 통해, 혹은 "매일 닫혀 있으나 매일 열리는 문"을 통해 가능하다. 이 변화무쌍한 말랑말랑함을 시인은 "자유로운 고립"이라 명명한다(「문 앞을 서성이는 그림자들」). 우리가 좀체 경험할 수 없는 이 아이러니와 역설이 그가 꿈꾸는 종말 이후의 세계다. 그리고 그는 다음과 같이 서기 2013년의 보고

서를 쓴다.

1. 긴 평화의 시대는 막을 내렸다.

3. 하늘하늘 내리는 봄볕. 반가운 살육의 계절이 돌아왔다. 널찍한 도시를 향해 원정을 떠난다. 날이 갈수록 사냥감은 줄고 있지만 지천에 널린 사냥터. 간유리 너머 푸른 전장을 향해, 돌격 앞으로! 폭격의 흔적이 채 가시지 않은 백화점 두꺼운 얼굴에 퍼부어지는 포탄 세례.

5. [……] 전쟁의 시대는 바야흐로 너희들의 놀이터. 좀비가 될 때까지 진화하라. 사상보다 광기를 지켜 살아 움직이는 모든 뇌를 박멸하라.

7. 인해전술 : 포탄 대신 사람 투하하기. 전면전 막바지 아이템이 바닥난 종족들이 주로 사용하는 전술. 바닥에 떨어지기 전 대부분 사망하지만 생명을 유지한 것들은 좀비가 되어 적진 깊숙이 침투, 게릴라전을 벌인다. 원격조정으로 지하 곳곳에 암약해 바퀴벌레로 변신, 적진을 습격하기도 한다.

—「봄에 대한 보고서」 부분

이 보고서는 지구의 종말과 종말 이후가 가상세계가 아님을 증명하고 있다. 우리가 현재 향유하고 있는 '평화' 는 진실인가? 그것을 시인은 되묻고 있다. 우리가 유지하고 있는 비겁하고 잔인한 평화는 자본과 권력이라는 이름 하에 수없이 많은 사람들을 타자화시키며 획득한 전리품에 지나지 않는다. 그리고 아무 것도 모르는 아이들을 전쟁기계로 만들어 사지로 내몰고 있는 전지구적 침묵의 카르텔이 만든 폭력의 유산이다. 그러므로 시인은 전쟁을 선언한다. '반가운 살육' 이라는 자연의 힘을 통해 인간이 만든 도시, 태양의 제국을 향해 진격하는 시나리오를 제공하고 있다. 이 탈주의 비밀은 전쟁의 시대를 놀이터로 만드는 신비한 체험을 가능케 하며, 포탄 대신 투하된 사람들 그 인해전술을 통해 사람과 사람이 이루어 내는 새로운 영토를 꿈꾸고 있다.

5. 다시 시(詩)의 품으로

이제 우리의 하이퍼링크 행위도 그만 멈춰야겠다. 지루하기 때문이다. 원래 하이퍼텍스트의 용이한 접근성이 보이는 결말이 그런 것이다. 마지막으로 다시 들뢰즈와 가타리에게로 갔다와 보자. 그들은 탈주선이 지배권력에 의해 재영토화 되어 차단되고 소멸될 수 있음을 경고하고 있다. 더불어 긍정적인 생성능력이 고갈될 경우 부정적인 죽음의 선으로 변질될 수 있음을 경계한다. 다음 시를 조용히 음미하며 이정섭의 시집을 덮는다. 그가 저장한 슬픔의 힘을 믿기 때문이다.

그 밤이었을 거예요 언제나 왼편 어디쯤 서성이는 우리는 연등 하나 밝힐 수 없었는데요 소나기처럼 쏟아지는 무슨 말인가 목쉰 소리를 알아듣지 못하고 눈물만 요란했는데요 초파일은 지난 지 오래 가난한 길손 대신 손등을 드는 밤, 추녀에 매달린 왼쪽 날개가 상하고서는 못 속에 엉킨 실타래를 풀 수 없었겠지요 흙먼지 휘감듯 멱살을 잡는 산길의 반란으로 의지할 먼 불빛도 없이 돌아온 장터, 막차는 벌써 우리를 등졌던데요 그 날처럼 내리는 비를 맞으며 술 취한 아버지는 비틀거리고요 바람의 화법을 채 익히지 못한 비구는 늙어 헛바퀴만 밟아대고요 팔십년엔가 지어졌다는 다리 밑에서 부쩍 해쓱해진, 연꽃 그 참담한 경계, 이백 미터를 넘어가면 다리도 끊기는데 석회더미를 뒤집어 쓴 그 날 밤처럼 연꽃은 알 듯 모를 듯 새하얀 미소만 허, 날리는데요 닿지 않는 거리를 두고 숭숭 씨앗만 날아드는 왼편의 물은 허허벌판 등 시린 겨울인데요

—「연꽃 근처」 전문